心一堂術數古籍珍本叢刊

書名：蔣大鴻嫡傳水龍經注解 附 虛白廬藏珍本水龍經四種（七）
系列：心一堂術數古籍珍本叢刊 堪輿類 蔣徒張仲馨三元真傳系列 第二輯 193
作者：【清】蔣大鴻編訂、【清】楊臥雲、汪云吾、劉樂山註
主編、責任編輯：陳劍聰
心一堂術數古籍珍本叢刊編校小組：陳劍聰 素聞 梁松盛 鄒偉才 虛白盧主

出版：心一堂有限公司
通訊地址：香港九龍旺角彌敦道六一〇號荷李活商業中心十八樓〇五－〇六室
深港讀者服務中心・中國深圳市羅湖區立新路六號羅湖商業大厦負一層〇〇八室
電話號碼：(852)67150840
網址：publish.sunyata.cc
電郵：sunyatabook@gmail.com
網店：http://book.sunyata.cc
淘寶店地址：https://shop210782774.taobao.com
微店地址：https://weidian.com/s/1212826297
臉書：https://www.facebook.com/sunyatabook
讀者論壇：http://bbs.sunyata.cc/

版次：二零一七年七月初版
平裝：十冊不分售

定價：港幣 二千八百元正
新台幣 一萬零八百元正

國際書號：ISBN 978-988-8317-46-2

香港發行：香港聯合書刊物流有限公司
地址：香港新界大埔汀麗路36號中華商務印刷大厦3樓
電話號碼：(852)2150-2100
傳真號碼：(852)2407-3062
電郵：info@suplogistics.com.hk

台灣發行：秀威資訊科技股份有限公司
地址：台灣台北市內湖區瑞光路七十六巷六十五號一樓
電話號碼：+886-2-2796-3638
傳真號碼：+886-2-2796-1377
網絡書店：www.bodbooks.com.tw
台灣國家書店讀者服務中心：
地址：台灣台北市中山區松江路二〇九號一樓
電話號碼：+886-2-2518-0207
傳真號碼：+886-2-2518-0778
網絡書店：http://www.govbooks.com.tw

中國大陸發行 零售：深圳心一堂文化傳播有限公司
深圳地址：深圳市羅湖區立新路六號羅湖商業大厦負一層〇〇八室
電話號碼：(86)0755-82224934

心一堂微店二維碼

心一堂淘寶店二維碼

秘傳水龍經卷四上

總論

此卷專言水龍貼體吉凶形局而入穴星體已森然燦列於其中乃水龍肯綮扼要之書也亦不著作者姓名雖言多俚俗而我以爲此必楊公眞本其千年以來師師相授之秘旨歟開卷先言五星而五星之中取金水土三星爲吉木火二曜爲凶此與山龍少異山龍有火星起頂卽以結穴亦有行龍皆木星結體彌見貴秀若水龍則一犯火木立見災禍其故何也葢水性喜柔荏

而惡剛強宜轉抱而忌沖激金水柔莊而土形轉抱與木火之剛強沖激者其性迥異是以此卷既別五星而即繼之以繞抱反跳收氣漏風畜聚分飛諸格辨之最詳蓋亦即五星之變體而引伸觸類以求詳之者也先明枝幹之義則行龍之體格大界已定繼明五星之正變而參求夫入穴之法則得其主宰掌握在我而運用自神學者有意楊公之術能於是書切究而體驗之水龍之道思過半矣過此以往三元九宮之法庶幾有逢原之樂乎大鴻氏筆記

論枝榦

大水汪洋是榦龍
枝龍作穴出三公

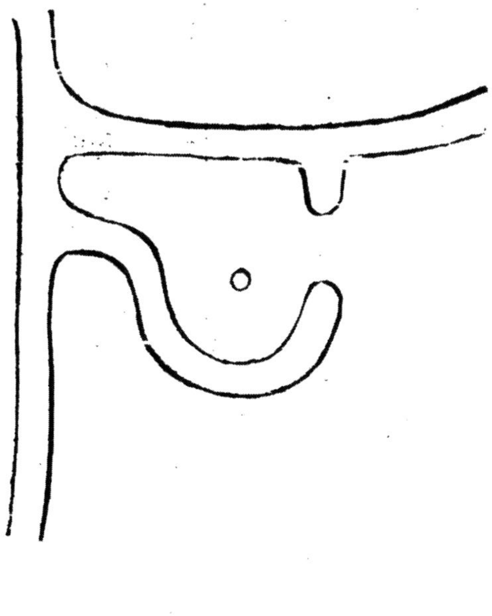

枝龍作穴須長久
榦龍氣盡不須求

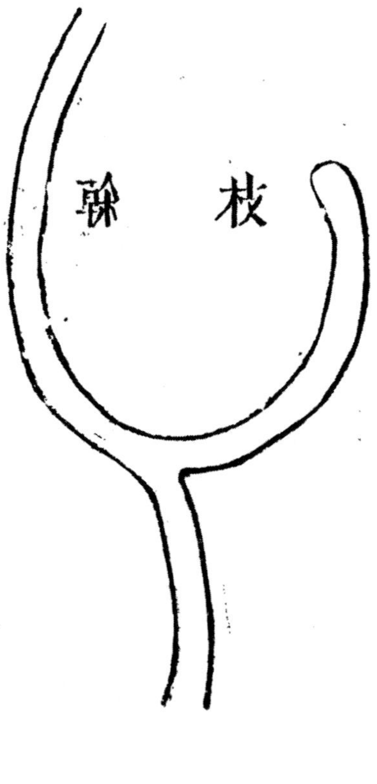

論五星

金星水養身
富貴足金銀

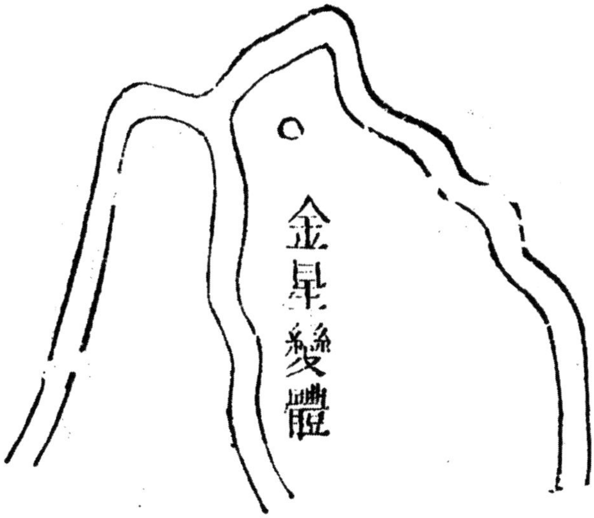

左金長房發
右金小房興

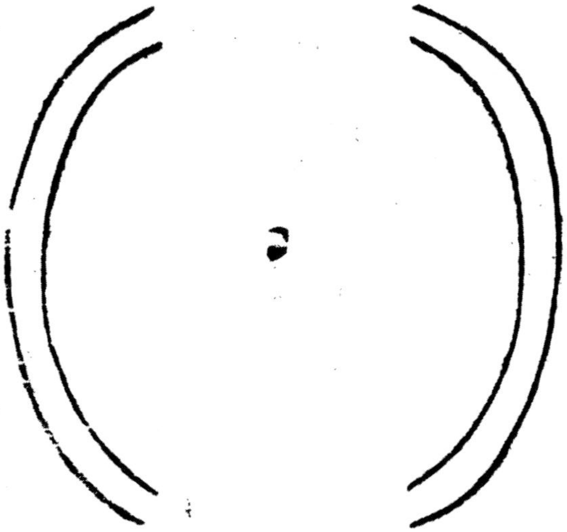

金星如玉帶
此地真無價

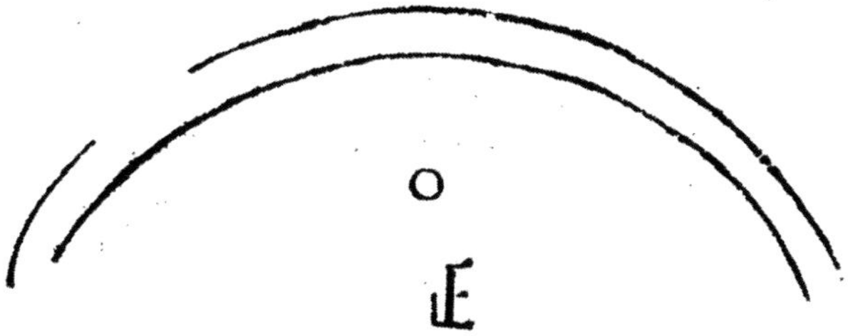

正金體

橫水過宮
金城抱穴
若扞此地
富貴不絕

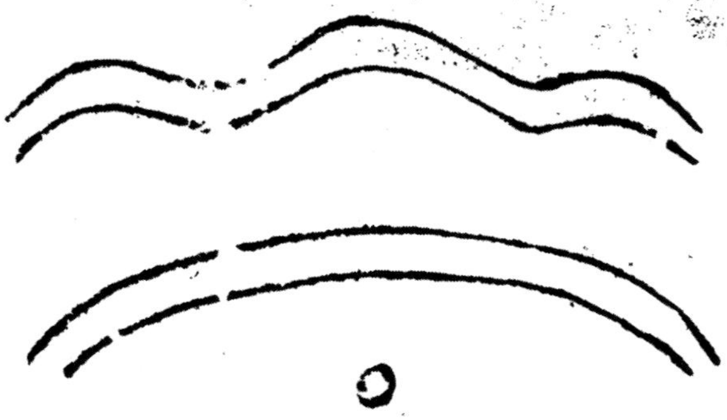

斜金似火
受剋非佳
斜金似火遶前穴
半貧半富賣田園

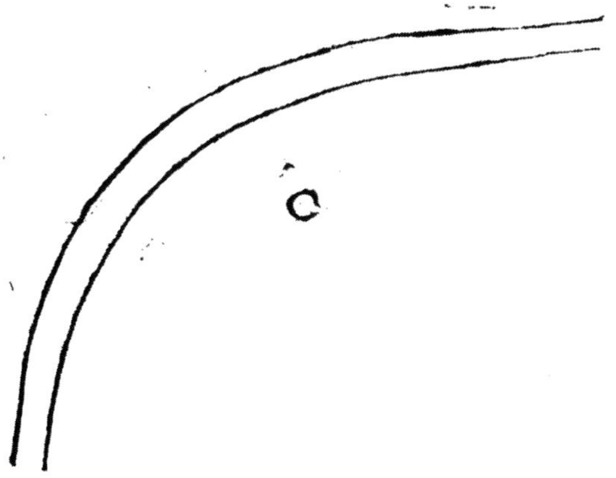

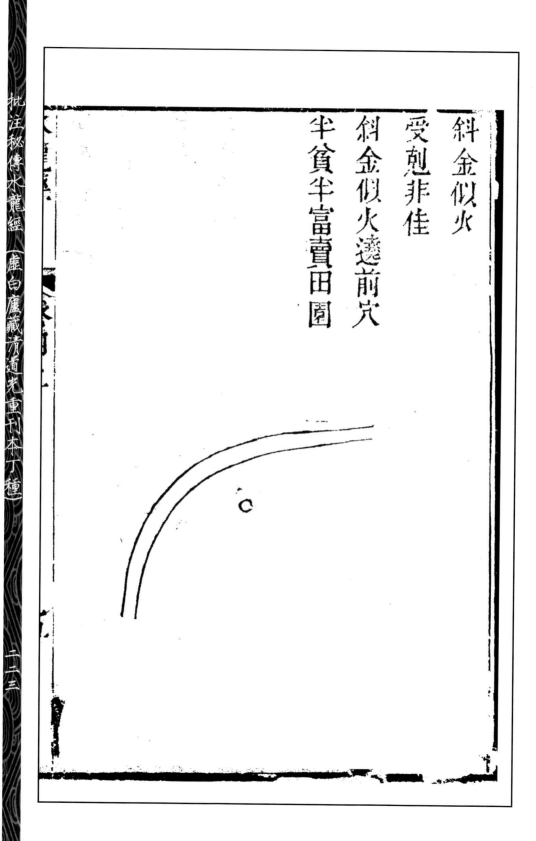

前火匏金城
風字腳無停
若扦此等地
不久苦伶仃

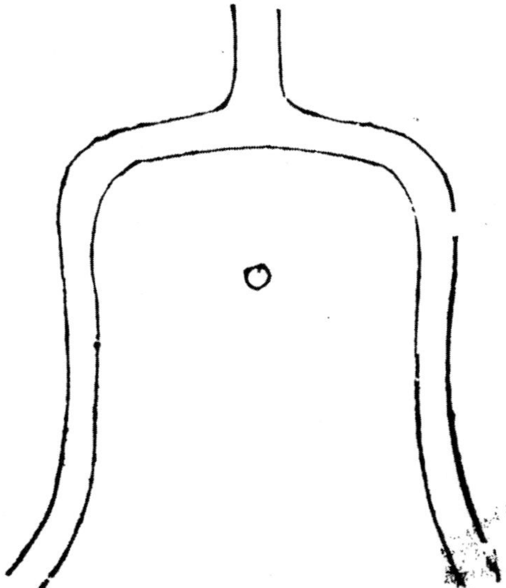

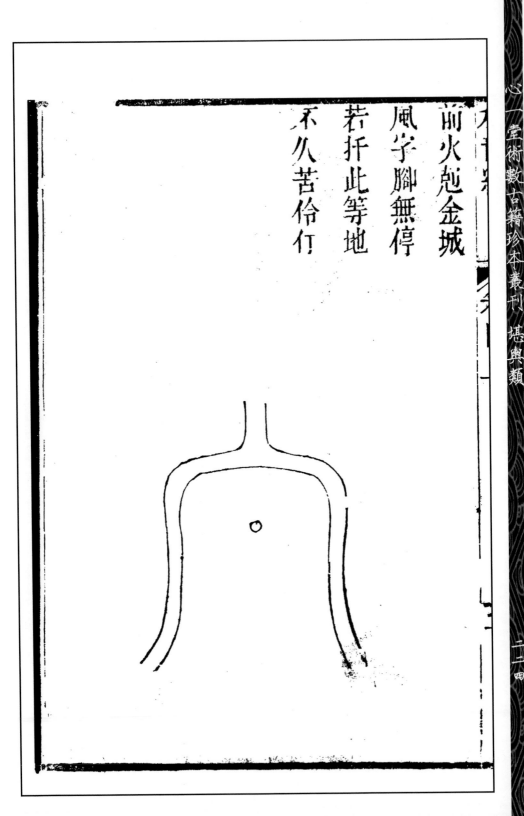

水似犁頭形
發火燒貧

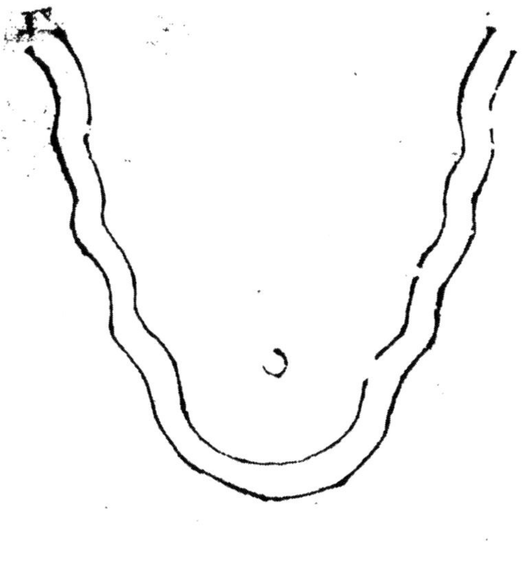

金城右反弓
劫子定孤窮
金城左反弓
長子必離宗

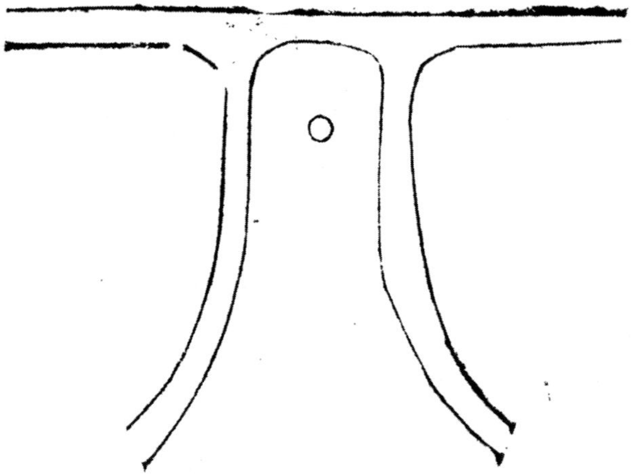

金城反弓
逃走貧窮

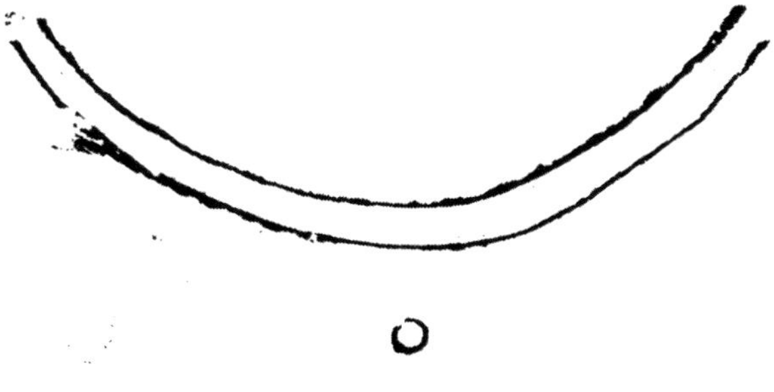

水入金城
富貴多丁

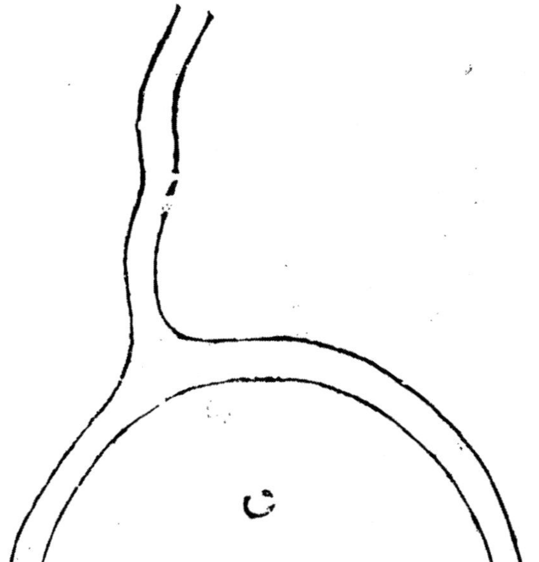

金水泛濫
風聲可撼
金水相生
富貴豪英

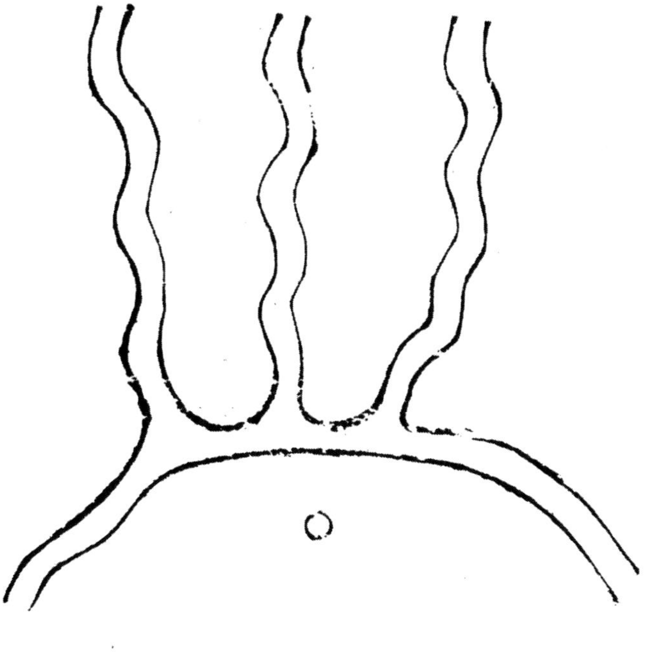

金星木來撞
子孫家傾蕩
金水得地
子孫富貴

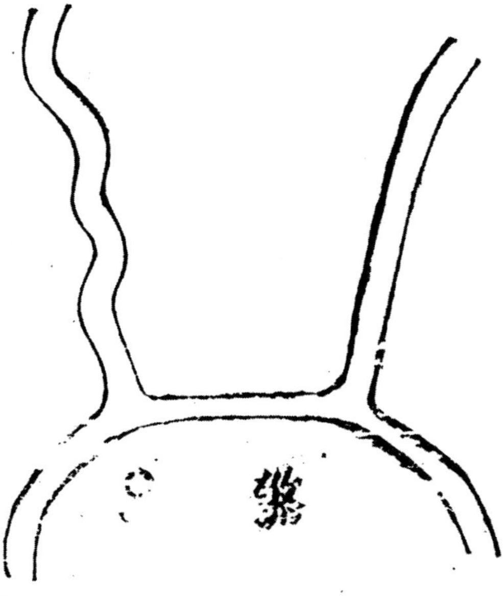

不撞金城
後嗣伶仃

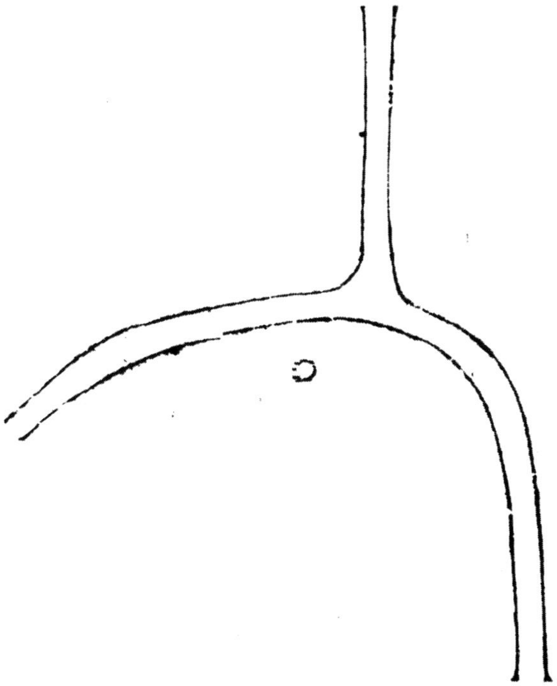

火入金城
代代絕兒孫

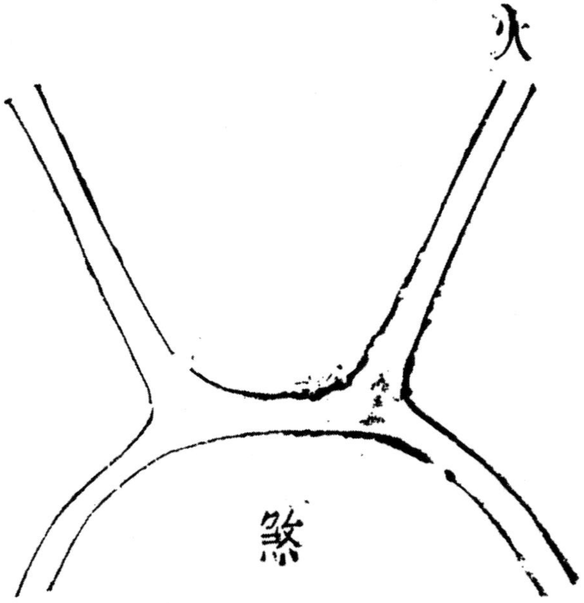

曲水入金城
官貴損人丁

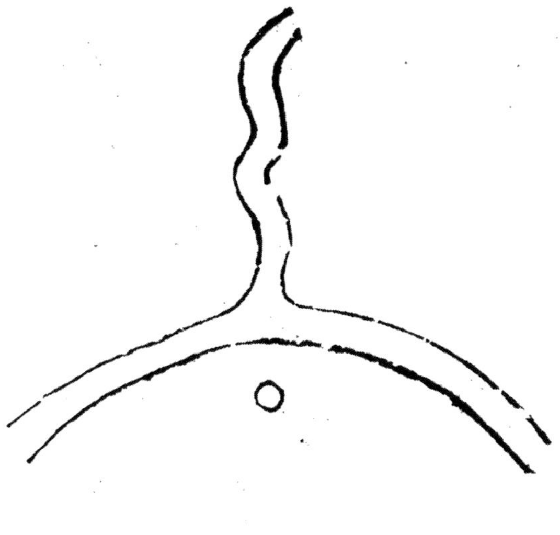

殺入金城
落魄無丁

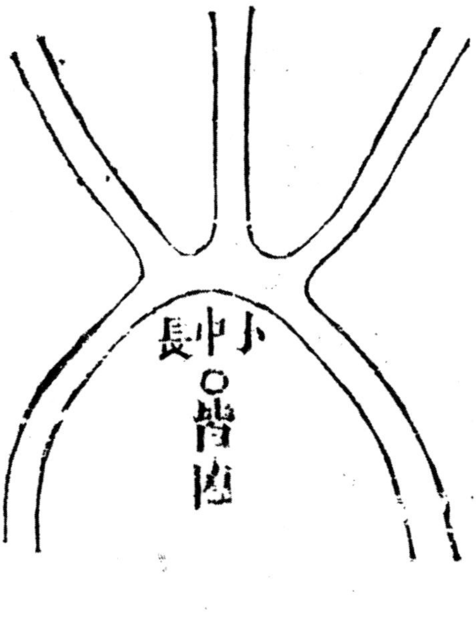

火剋金城
家盜人瘟

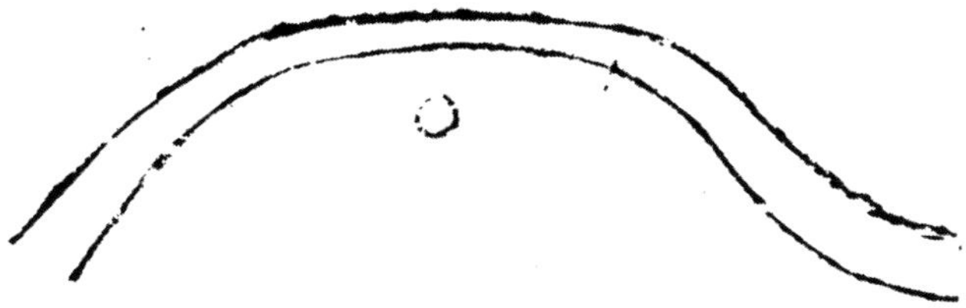

中細印
成尖形
故曰火

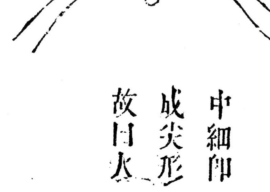

二火剋金城
熒星月日臨

二水皆
尖形故
亦曰火

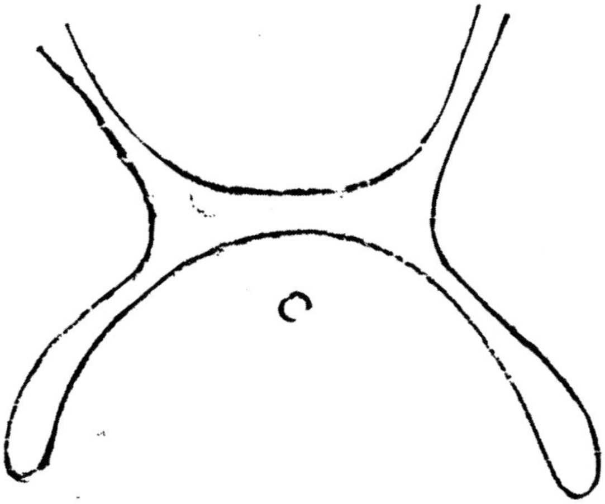

火金相刑
敗絶無丁

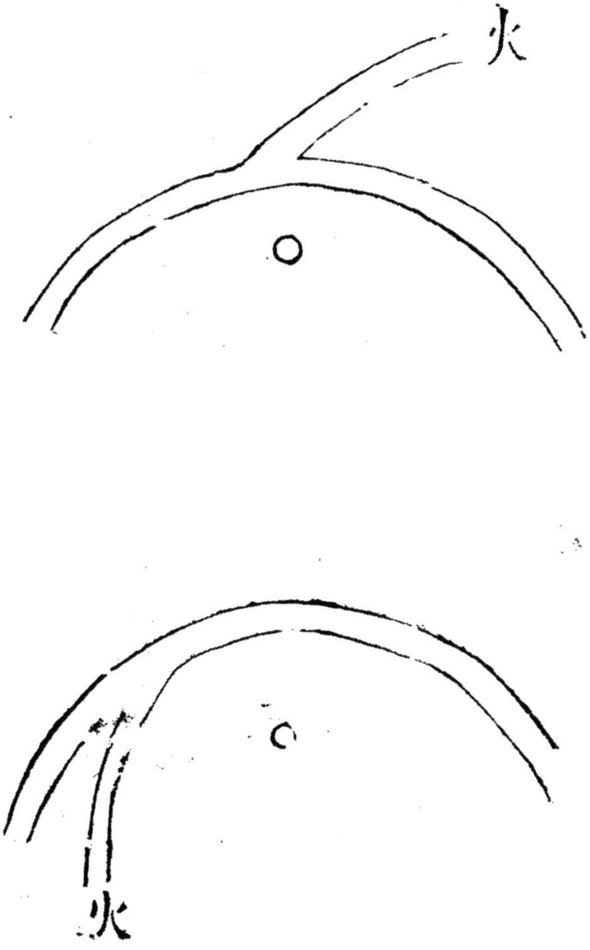

水星得位
兒孫富貴

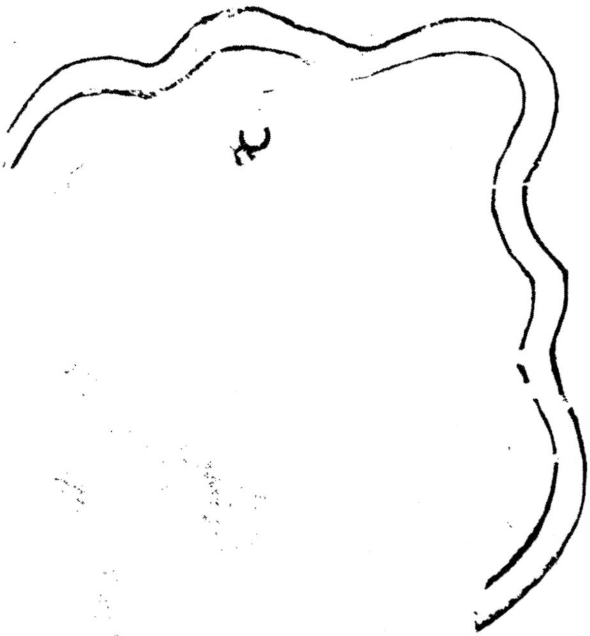

土腹藏金
富厚顯名

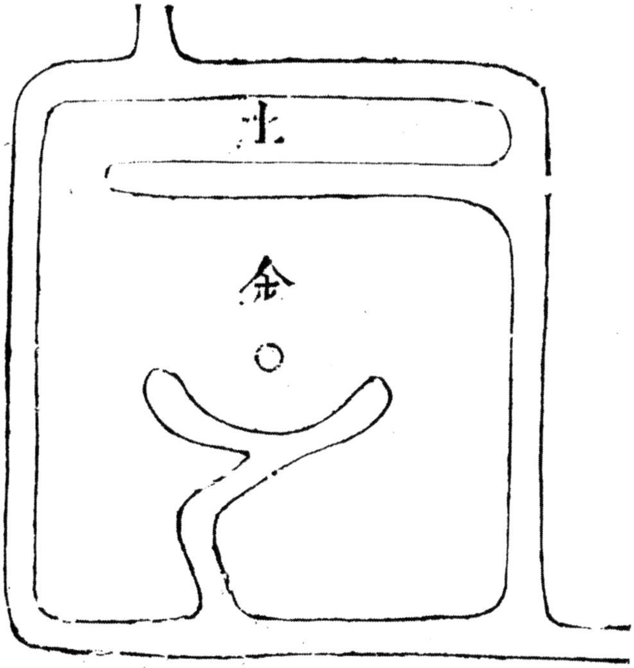

水星入土土逢冲
先剋錢財福後隆

上星能抱穴
富貴永無歇

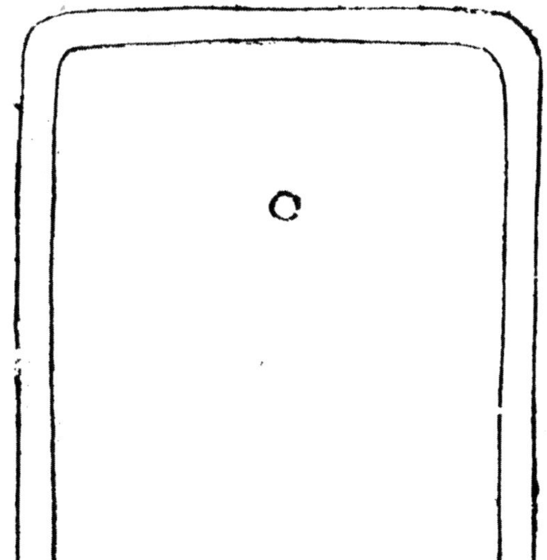

土星右轉來
家富足錢財

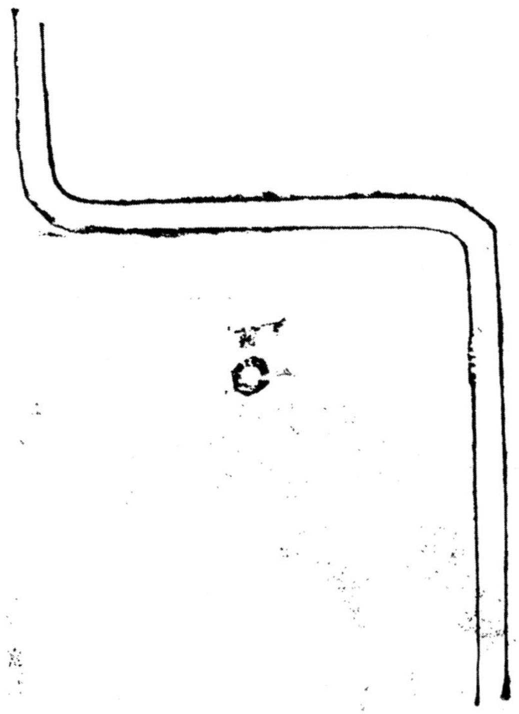

勢直如舟不可安
一下隨窮有幾年
不問東西與南北
他鄉奔走不知端
土星如直去
不久家隨廢

本龍絕
上城反向
敗絕亾家
行窮洋亂
東配天涯

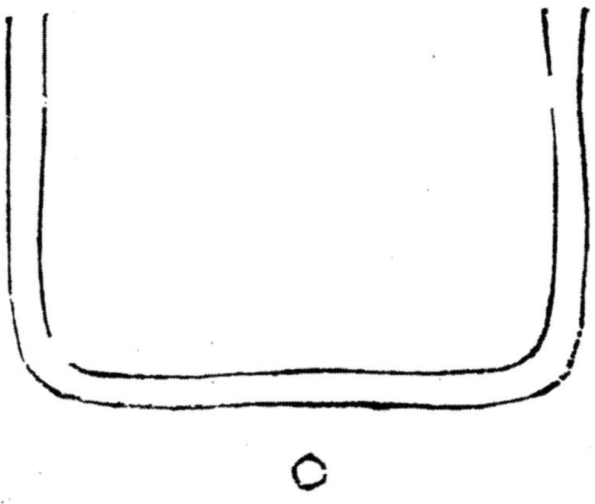

穴右斜飛水
墳宅豈爲良
得水來救助
人病染瘟痁
火星如微動
公事損妻房
土城帶火
別離鄉土

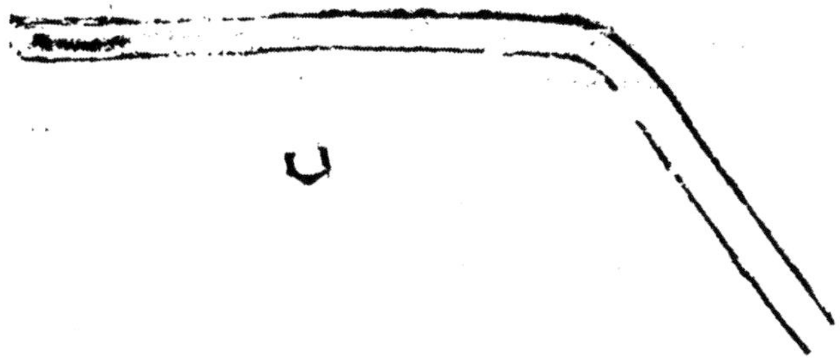

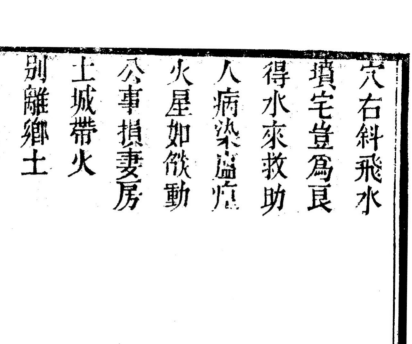

外木來剋土
家內人辛苦
衣食不求人
常被外人輕
直木冲門
人口不存
土被後木剋
顛沛無倚日

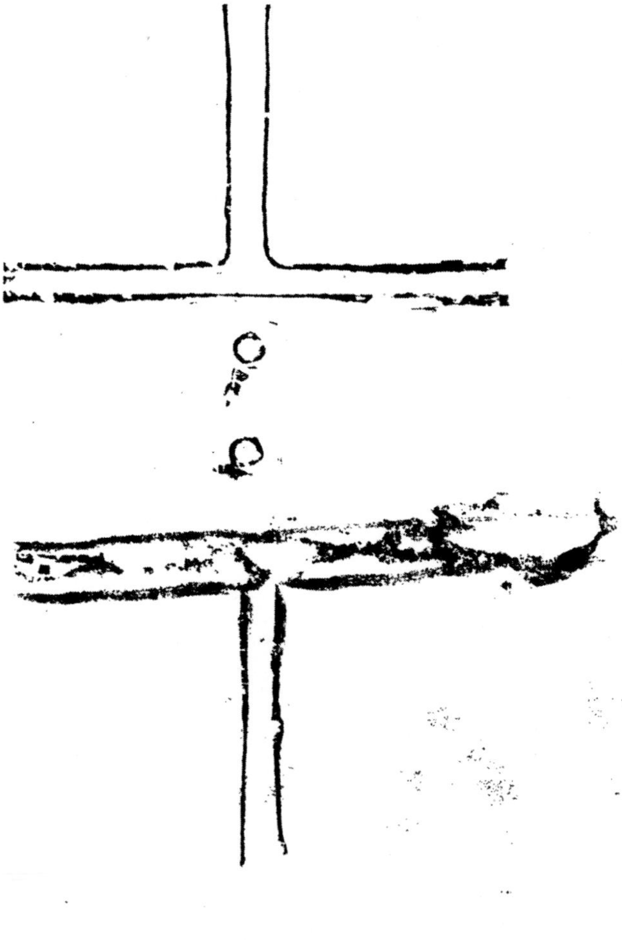

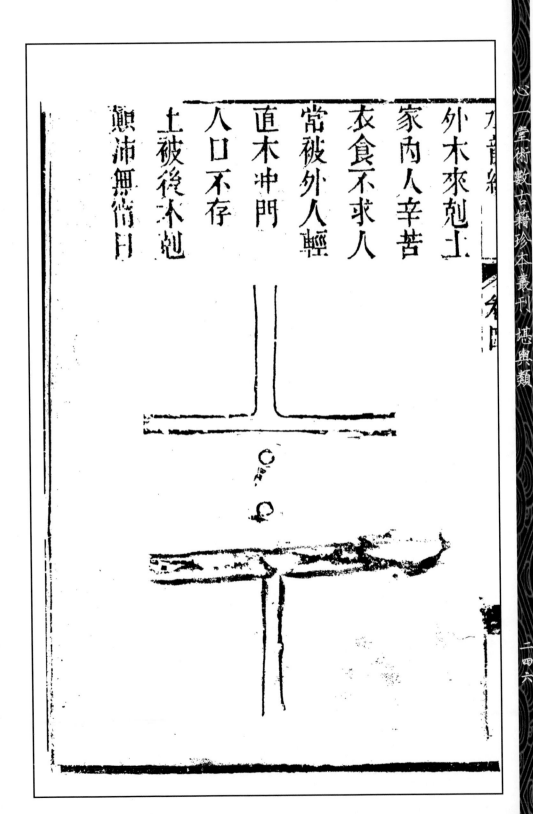

穴不如槍
横事遭殃
木城直冲穴
中房必敗絕
前後木相冲
單賊犯刑凶

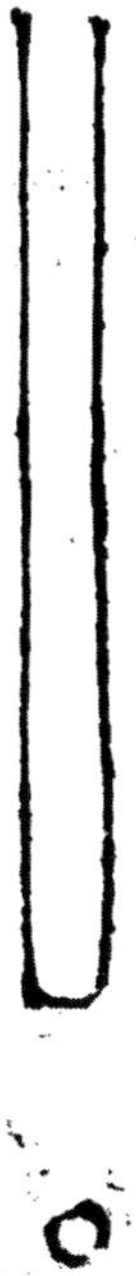

正木直行
退敗染瘟
斜木披靡
骨肉生離

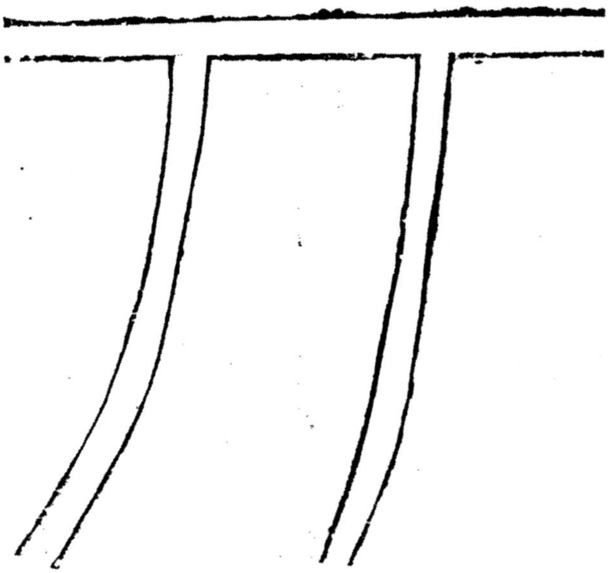

斜水來時似火飛
其中扦穴豈相宜
刼盜瘟癀常自有
人離財散各東西

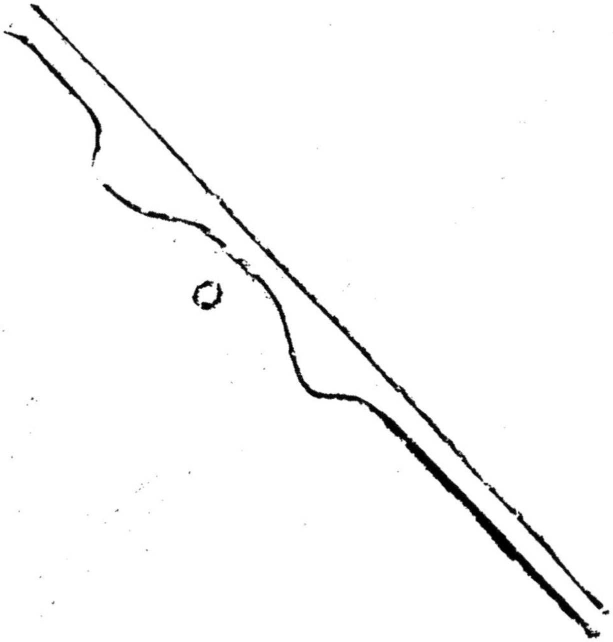

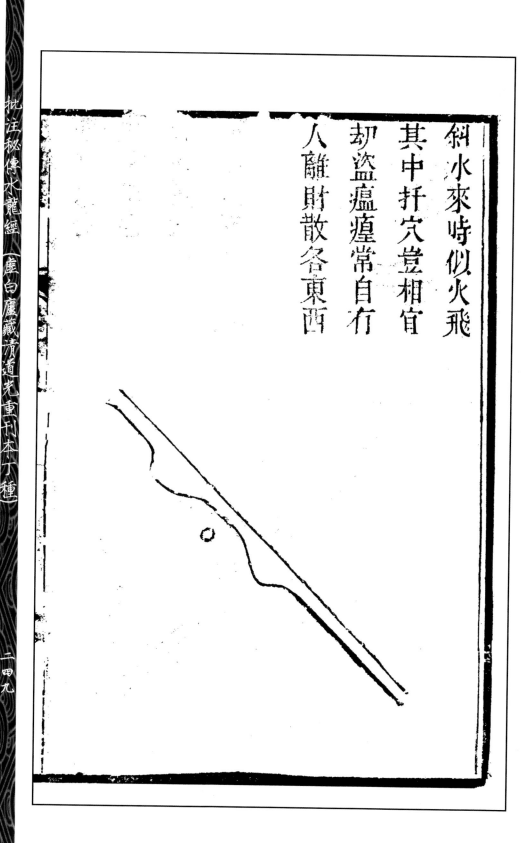

水似禾文
收絕孤貧
砂隨水出
代爲軍賊

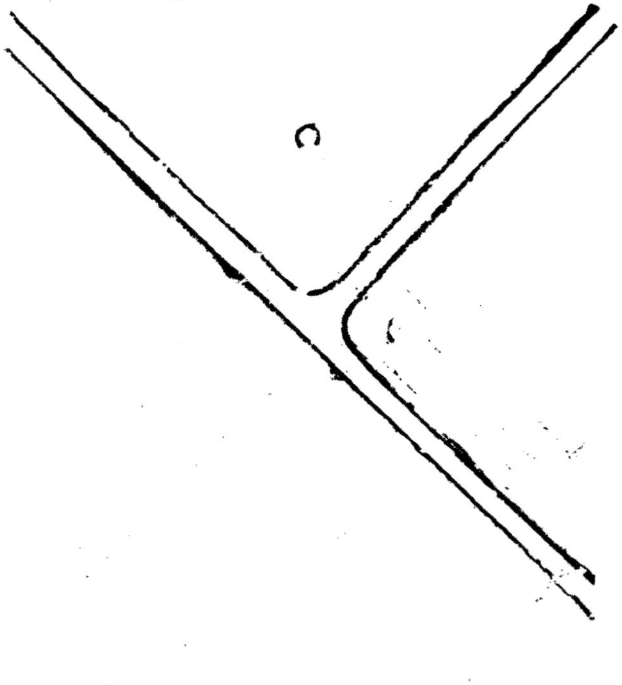

[illegible]邊有八字
前面又相逢
瘟𤸃并火燭
不病定燒空

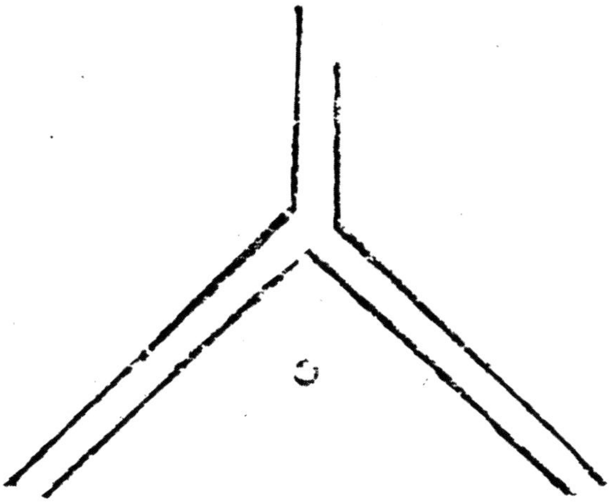

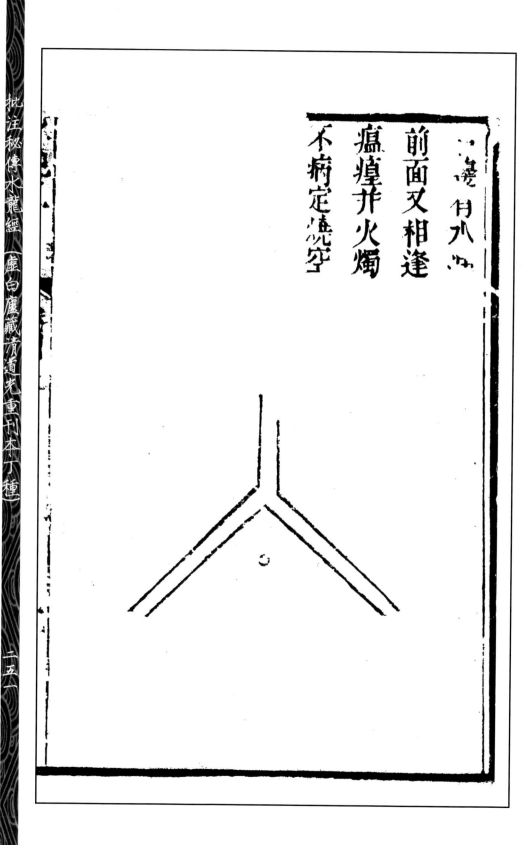

正[illegible]尖

[illegible]心

不久絕嗣

有城合掌流

是盡好耕牛

倒火

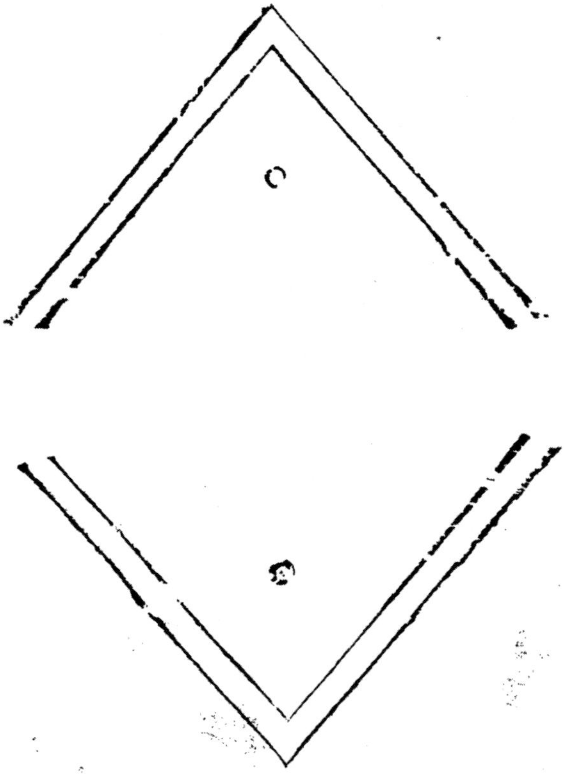

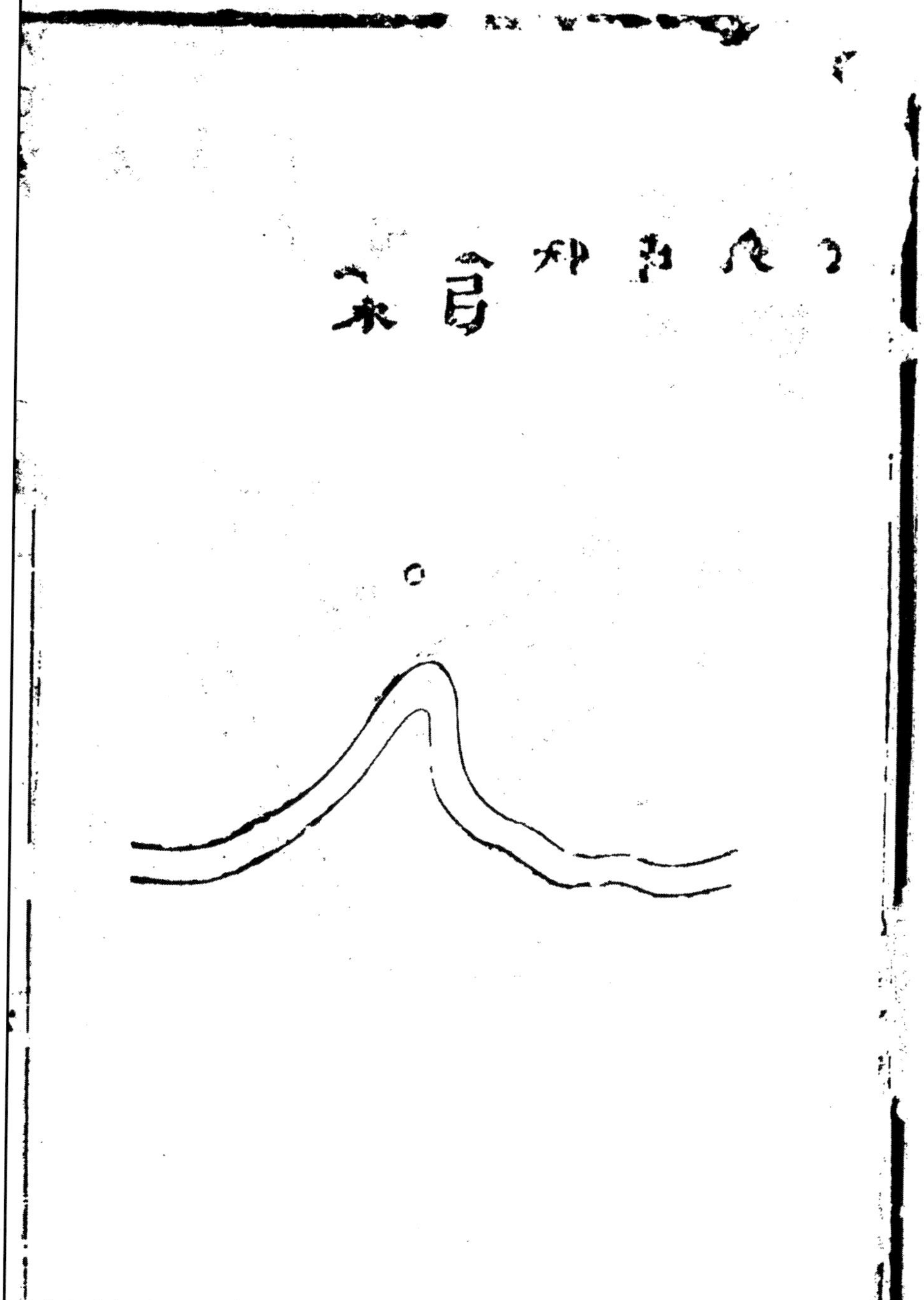

[illegible]

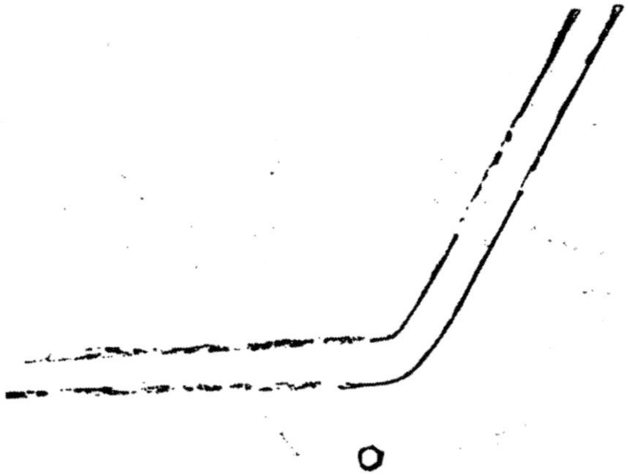

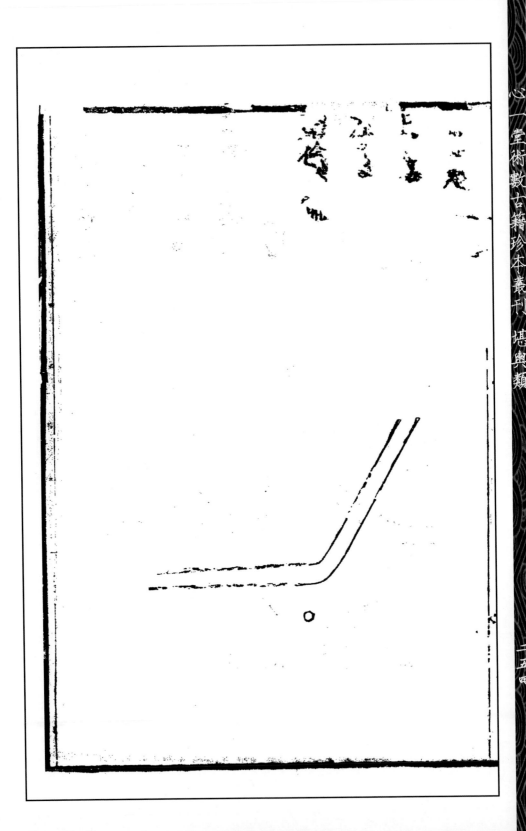

子孫忤逆面
前八字水流
刀鎗射其身
徒配遠充軍

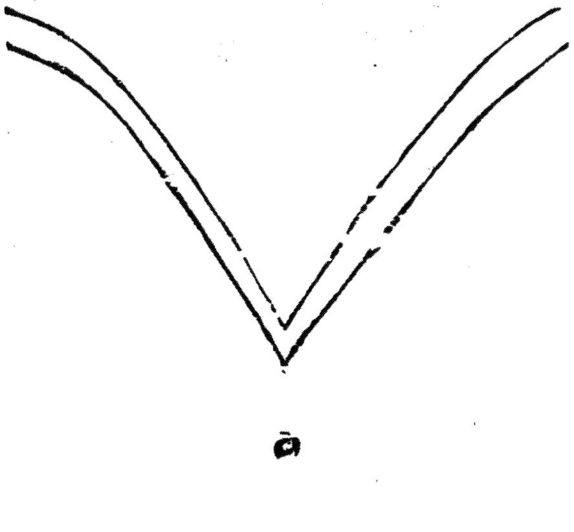

石火反飛
[illegible]走東西
[illegible]火反飛
[illegible]敗傷勇

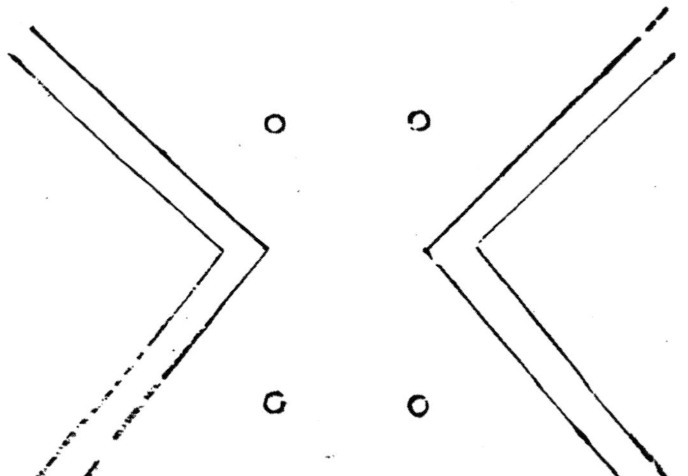

更主
絕嗣

尖火射其身
官刑絕子孫

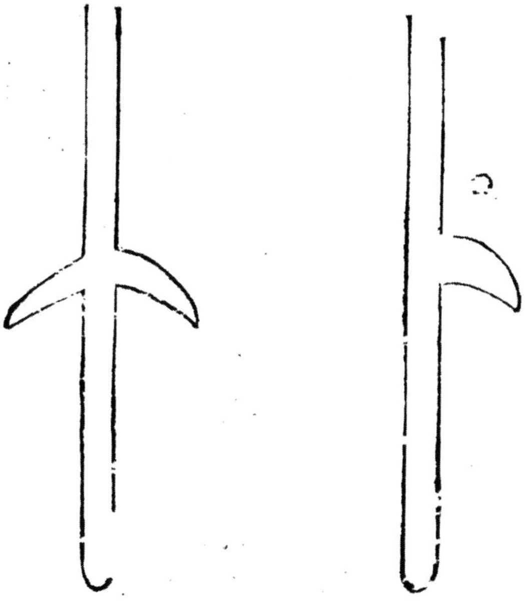

燥火燄燄動
老死無人送

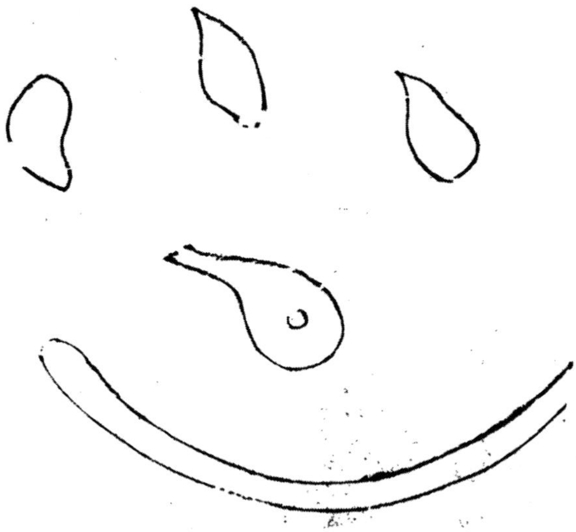

火脚向外飛
客死無人依

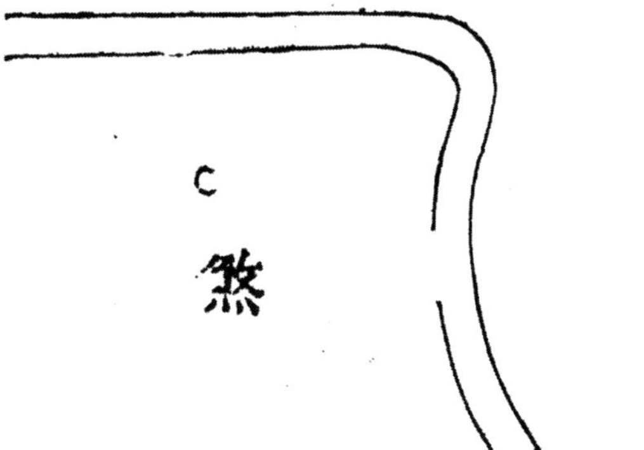

火星屈曲飛
無食又無妻
逆木順木
官井碌碌
拋妻棄子
散盡田榖

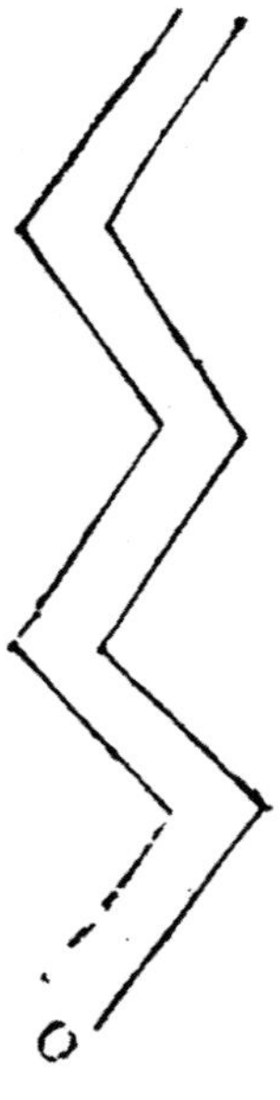

論四獸

朱雀之前三水反

男盜女淫無衣飯

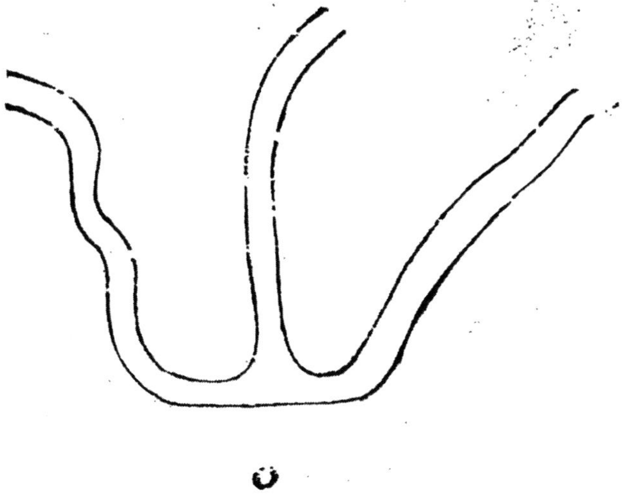

發福若悠長

水定纏元武

元武之水似彎環
定宅安墳福祿綿

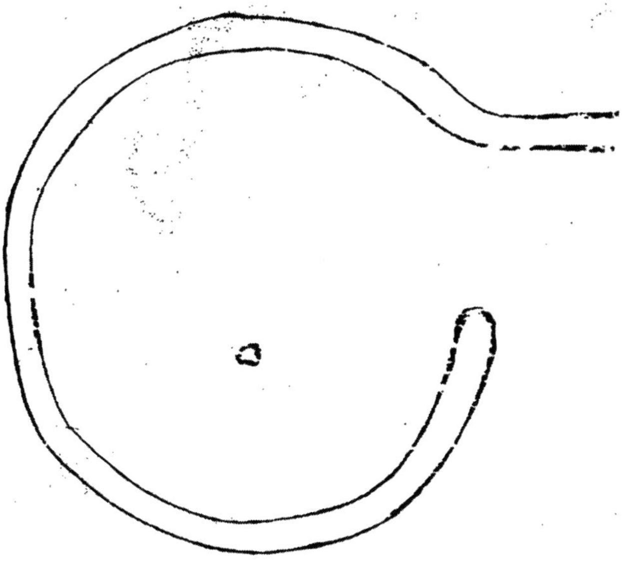

穴後水流三兩重
功名悠久世興隆

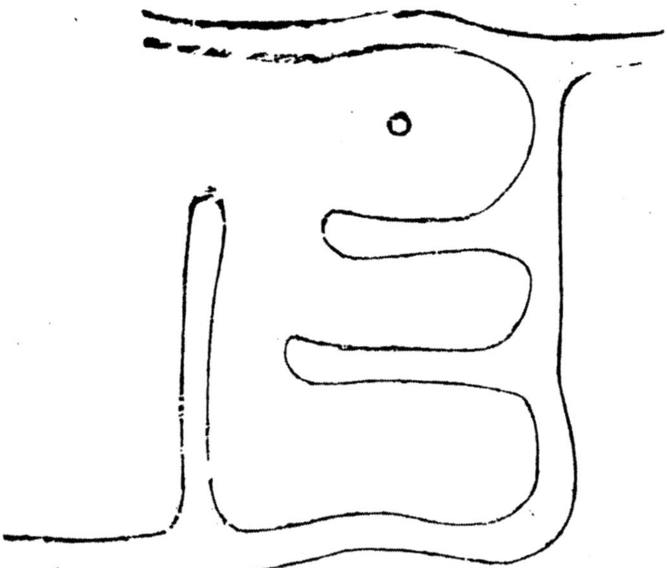

水冲元武頭
枷鎖去為囚
前丁後丁
總絕人丁
元武吐舌水風吹
絕嗣官災死亦隨

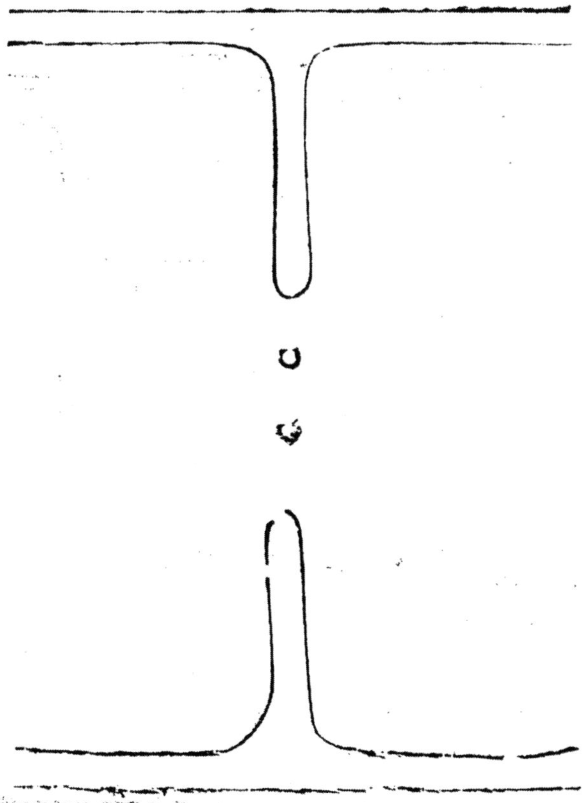

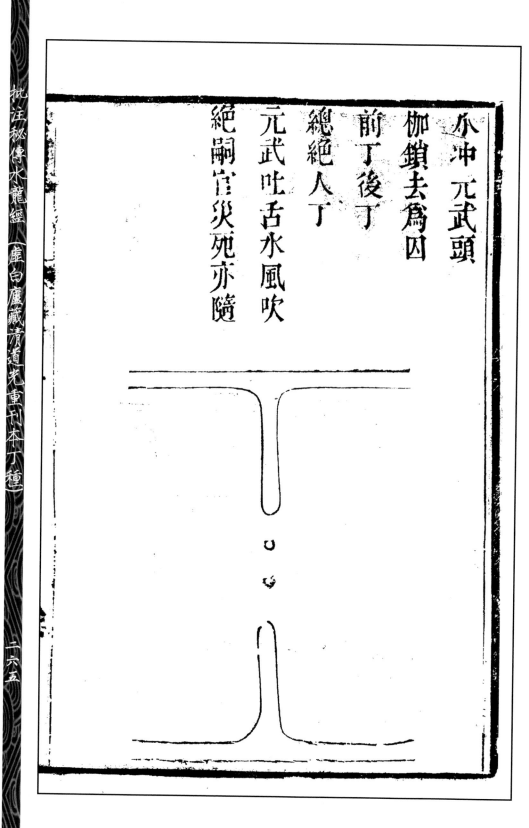

掀裙之水並無情
兩腳分開惹慾心
元武之上有水冲
其家絕嗣媳淫亂

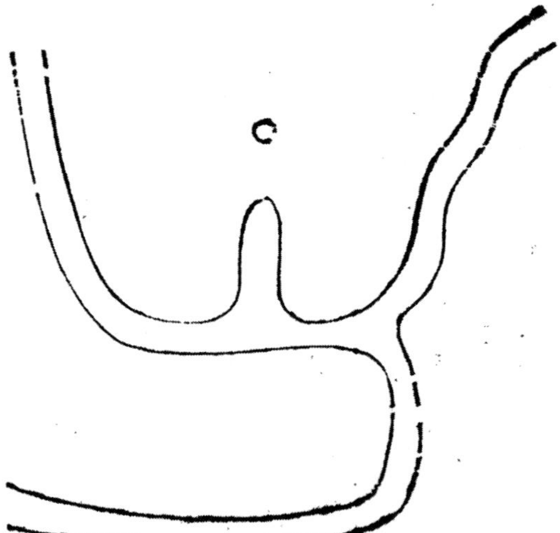

兩邊龍虎重重抱
富貴雙雙直到老
若然點穴得其方
狀元兼有神童號

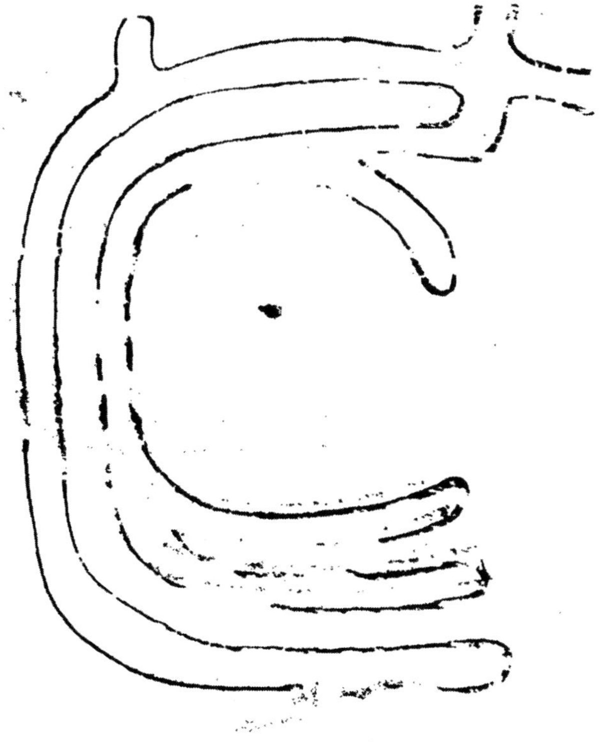

青龍水抱身
此地出官人

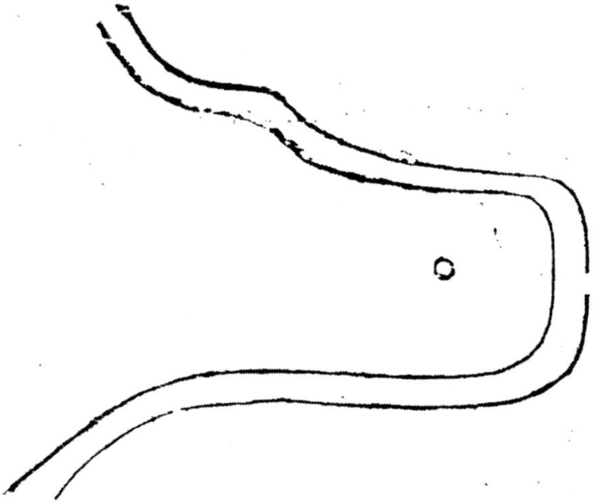

青龍白虎兩分張
收絕流徒死異鄉

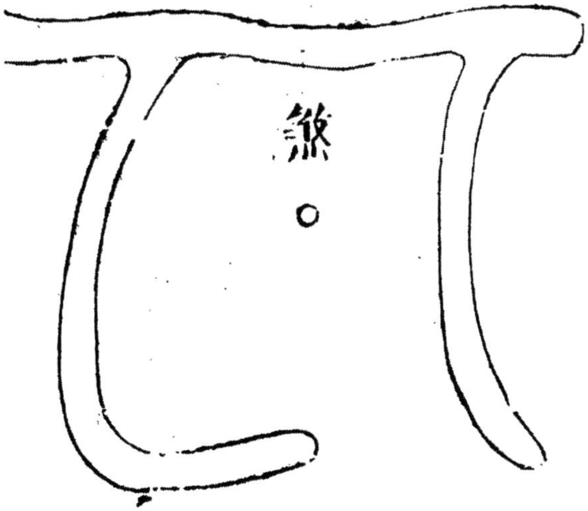

白虎水如飛
葬此遷徙隨
青龍水直走
住基終不久
水口無山閉
必貧乏田地
敗絕犯刑囚
逆配爲邊戍

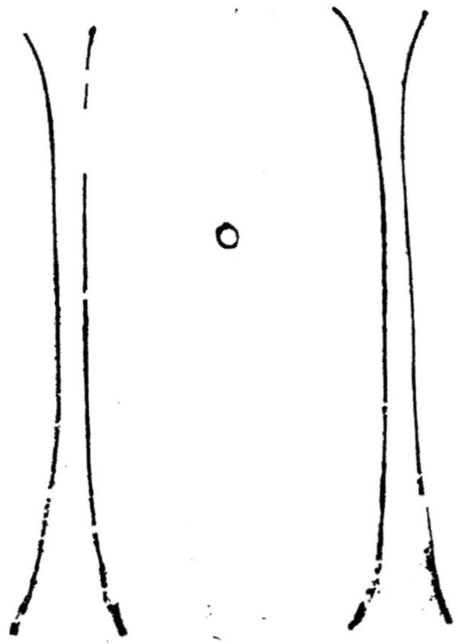

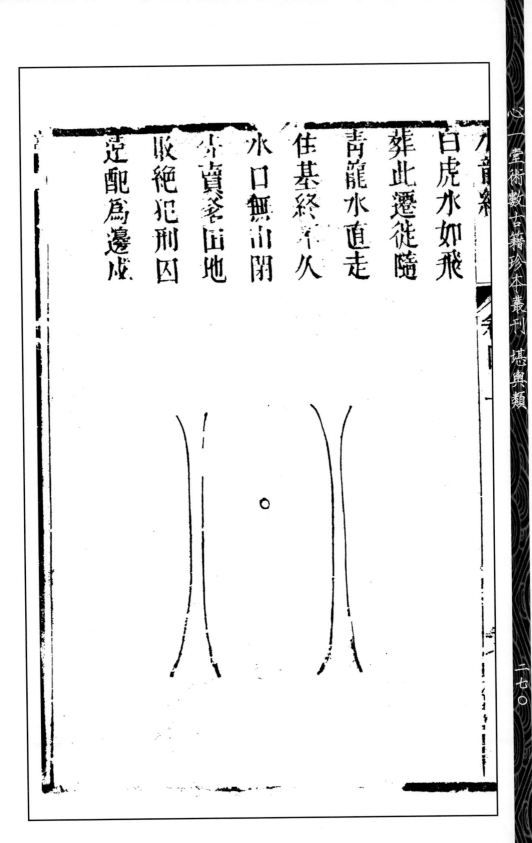

左右兩邊水反去
兒拋父母離鄉住
兩邊水去不回頭
家中財物鬼來偷

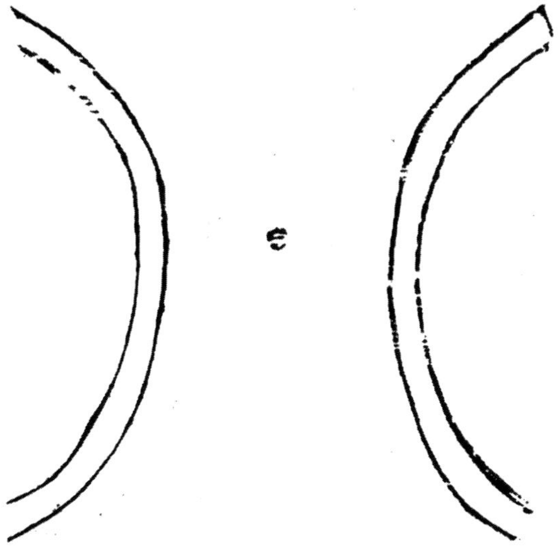

白虎銜屍
鰥寡無資
陰人損胎
横天絶嗣
青龍吞冢
瘋盲腿腫
横夭癡呆
離鄉絶種

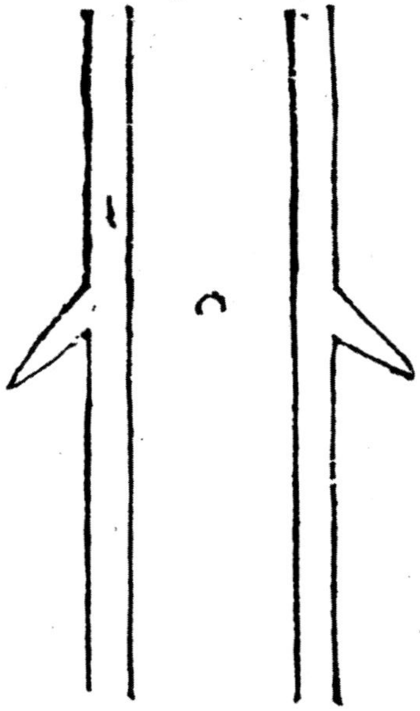

青龍水抱穴
富貴何須說

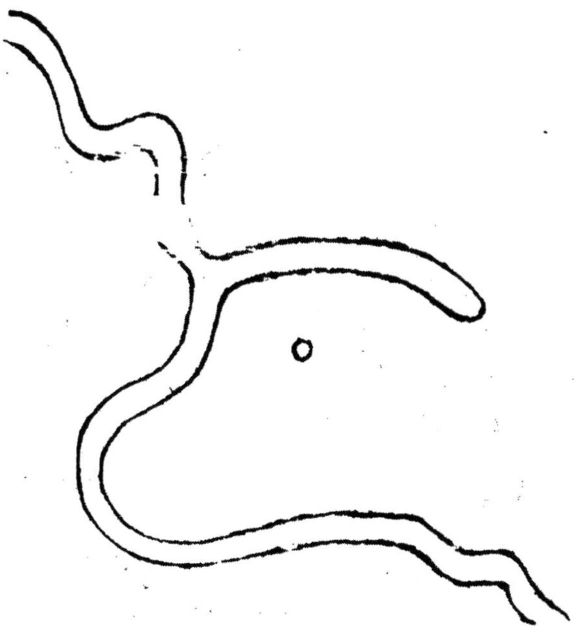

青龍之上一浜來
此地安墳任點裁
更得後河多積水
兒孫世代狀元才

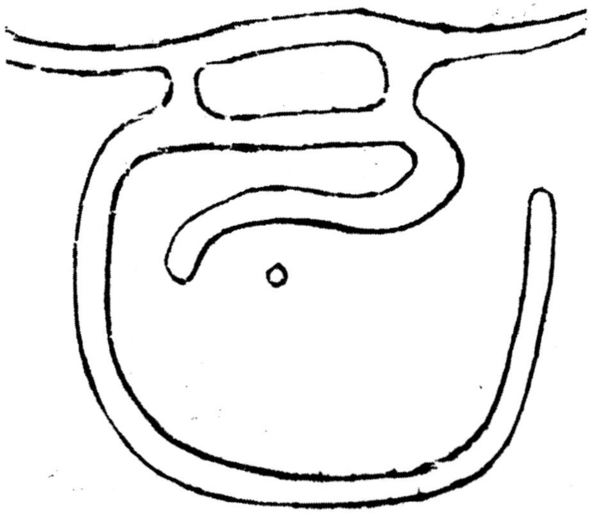

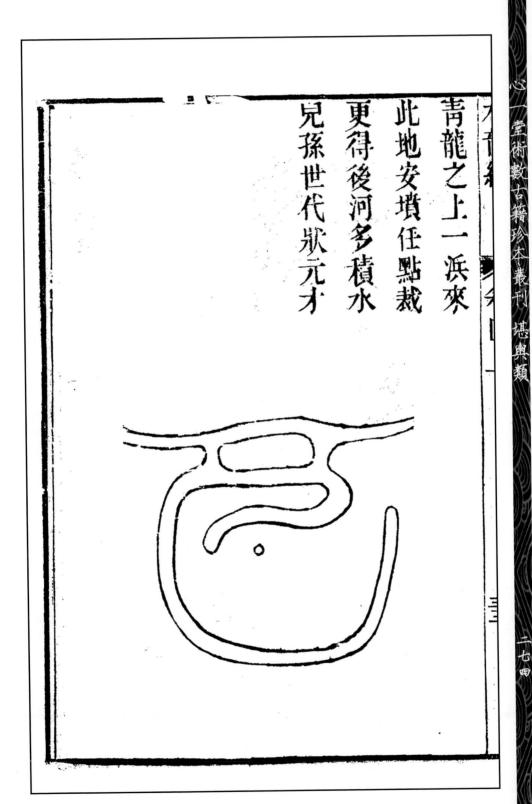

青龍彎轉如牛角
代代兒孫登紫閣

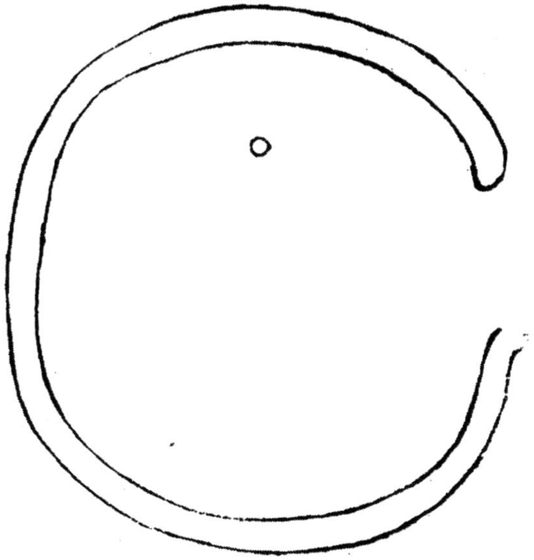

青龍前面兜
名利兩無憂

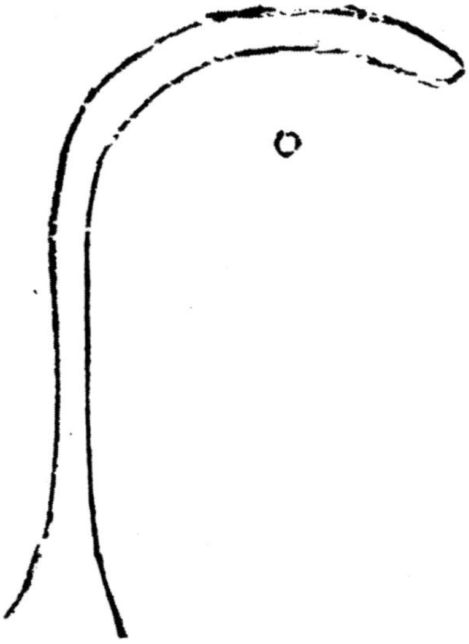

青龍水反飛
家破并人離

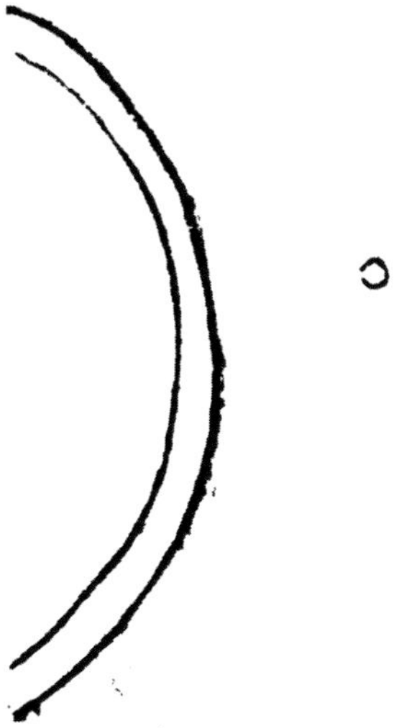

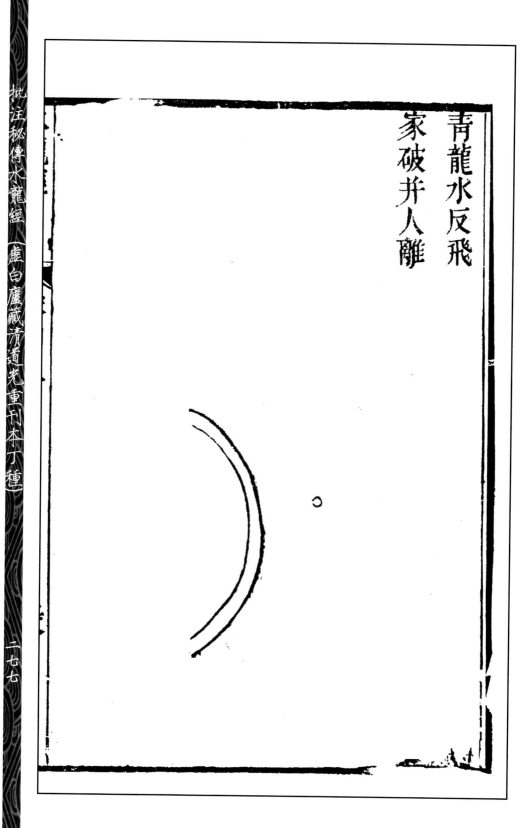

青龍水多破
葬後生災禍
又名金鵝箭
主瘋疾破敗

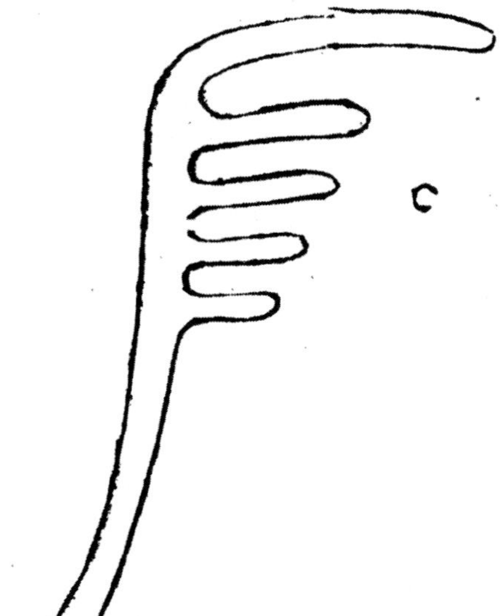

白虎之水抱重重
兒孫發福永無窮

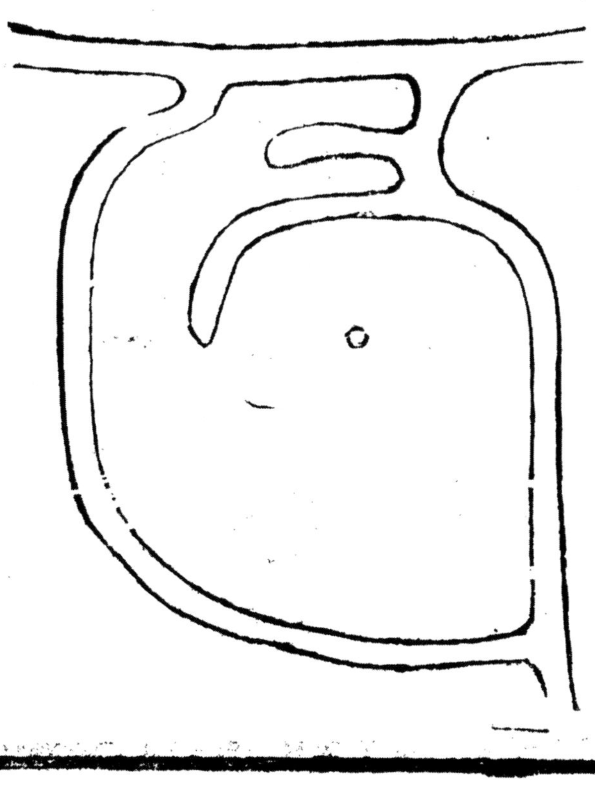

白虎大池兜
衣食永無憂

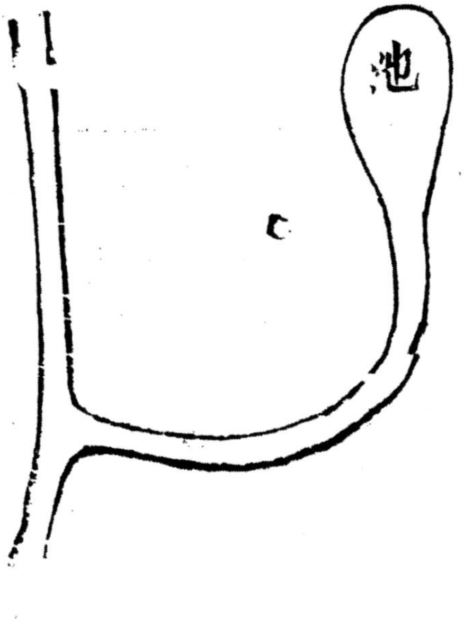

虎水象牙刀
見孫掛錦袍

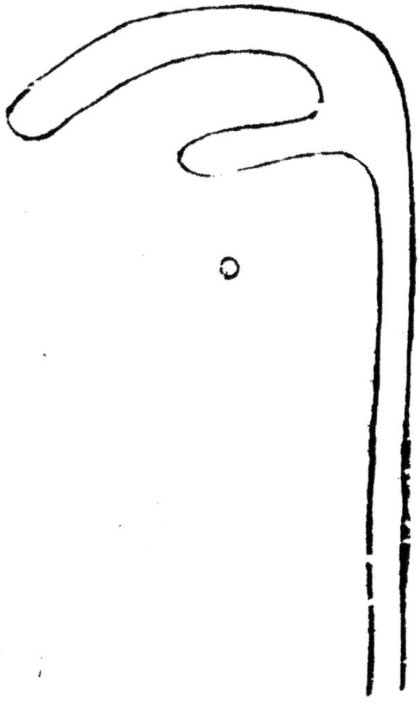

虎水遶如帶
累代官不壞

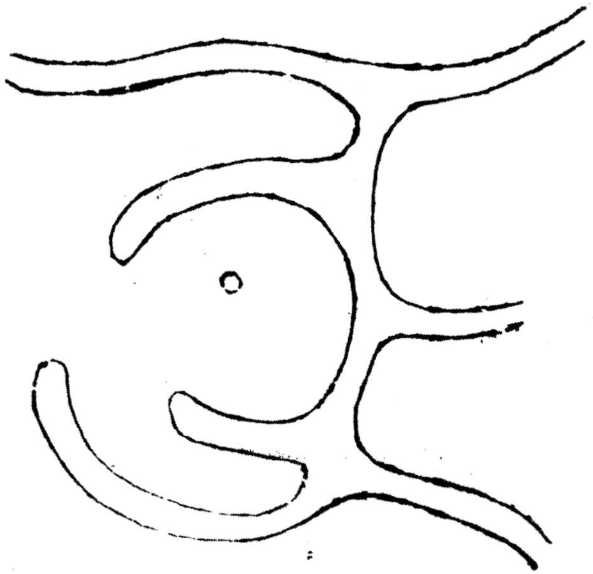

白虎位上水形尖

招郎寡婦賣田園

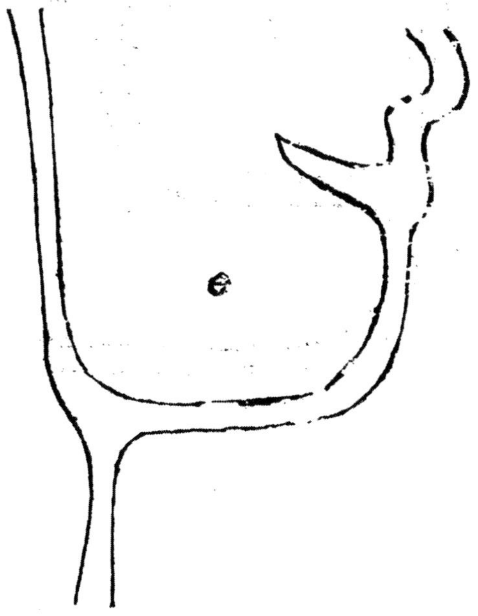

白虎勾來對着坟
子孫為盜又兼貧
虎水去如飛
逃奔遠別離

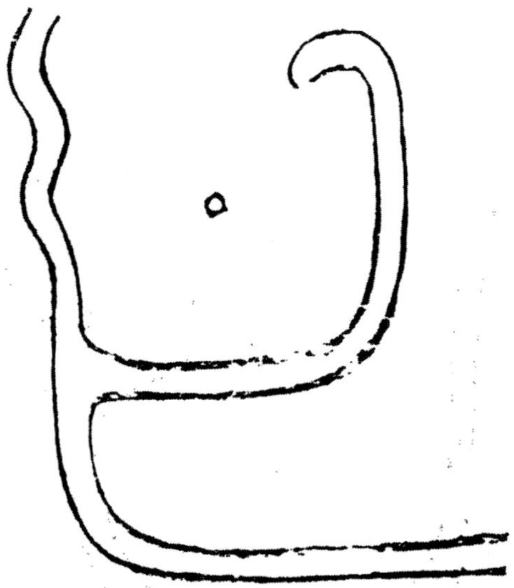

敗闕之水白虎來
瘟癀火燭又官災

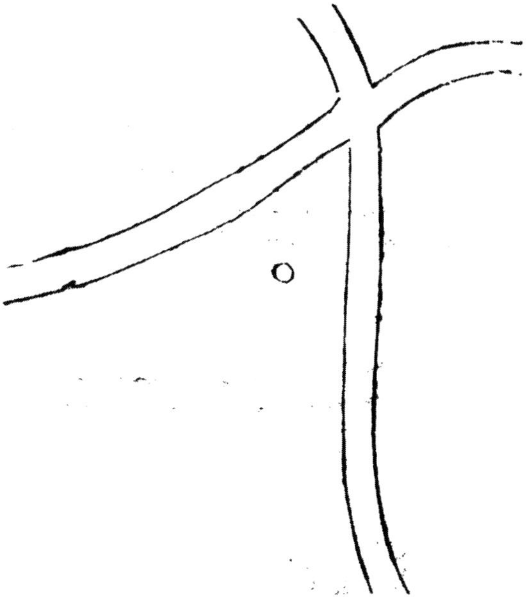

右邊砂水利如槍
後代兒孫定殺傷
虎口河水尖
幼子賣爹田
官事頻頻見
長房横禍瀍

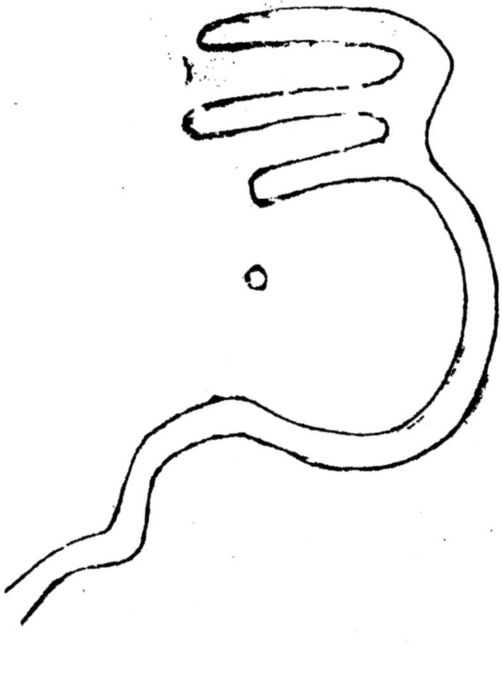

論形局

水見三彎
福壽安閒
屈曲來朝
榮華富饒
貪狼之水面前朝
兒孫代代產英豪
不問去來并前後
官居臺閣五雲高

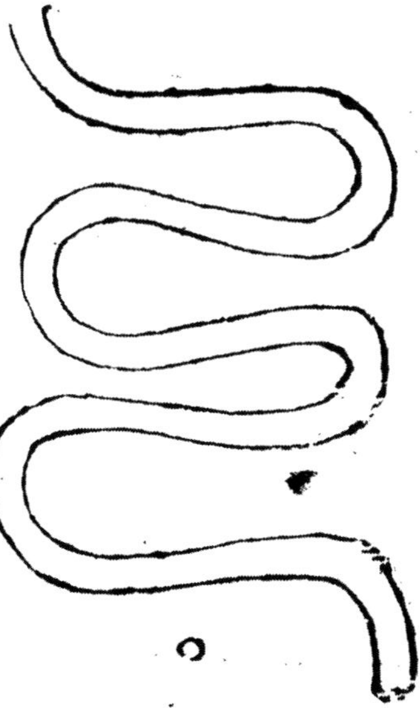

同上

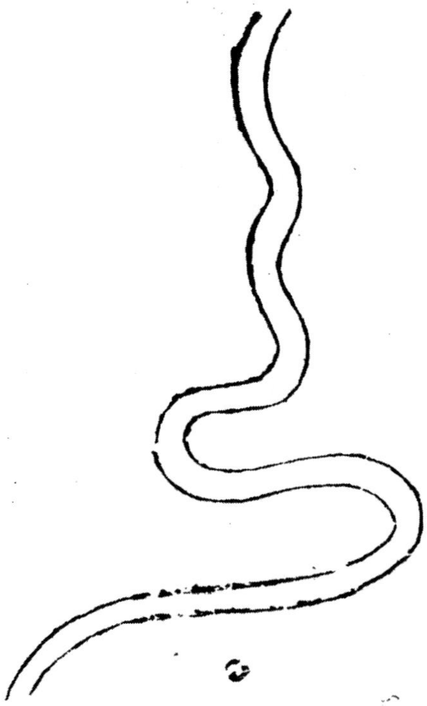

之玄屈曲饒門前
子孫富貴自兼全

大前

水轉三灣
富貴满間
如扦此地
官顯朝班

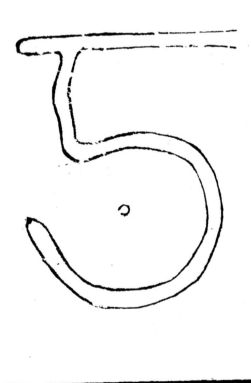

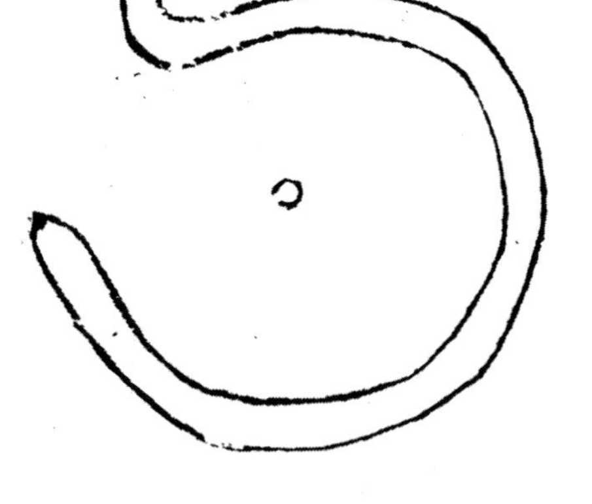

水從右來穴居

左宮高而富

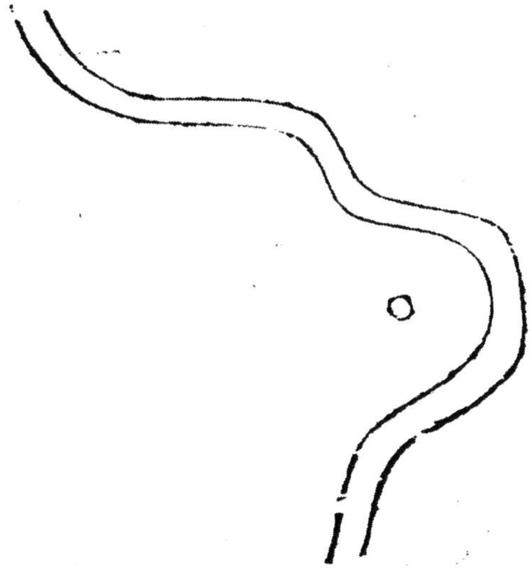

水從左來穴居
右富貴而壽

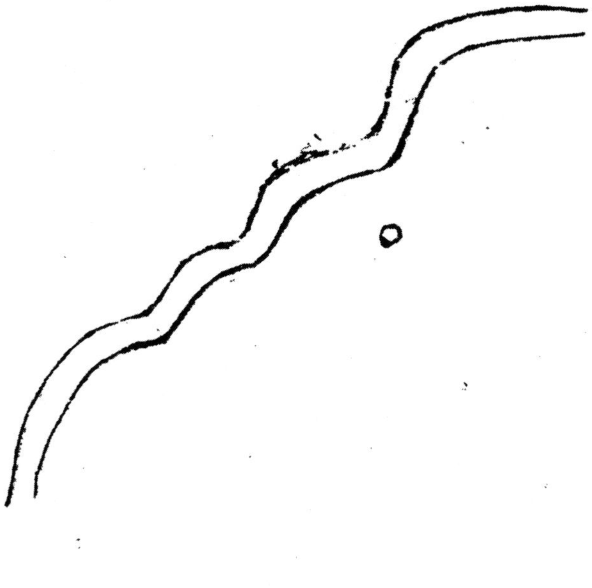

龍虎相鬪
阿誰來救
父子離異
兄弟寇讐

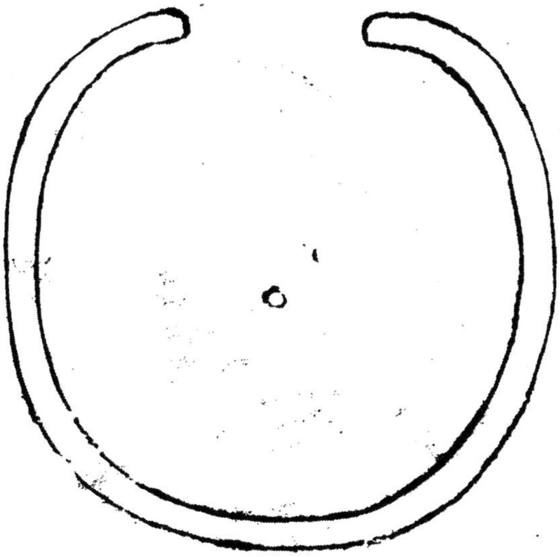

兩水直無收
兄弟莫憂愁
縱有後兜水
兒孫共守坵

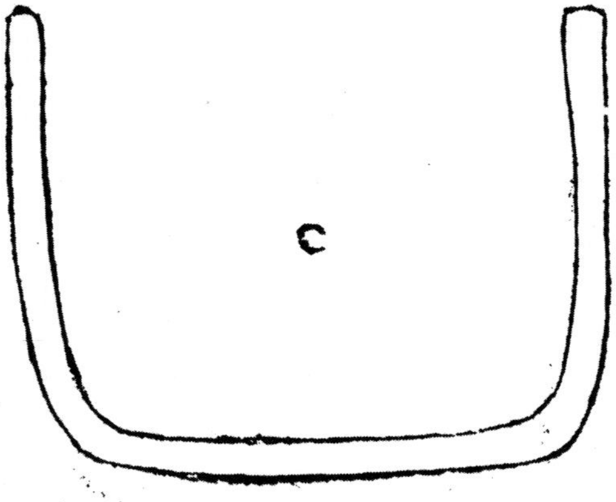

吉水左來遶
其家必富饒

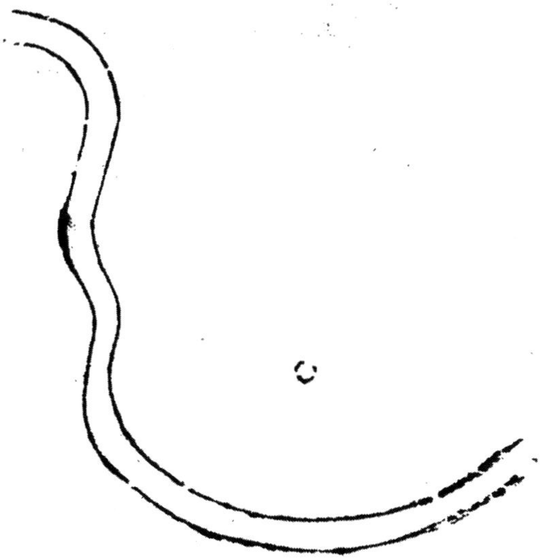

水似蛇形

此穴自精

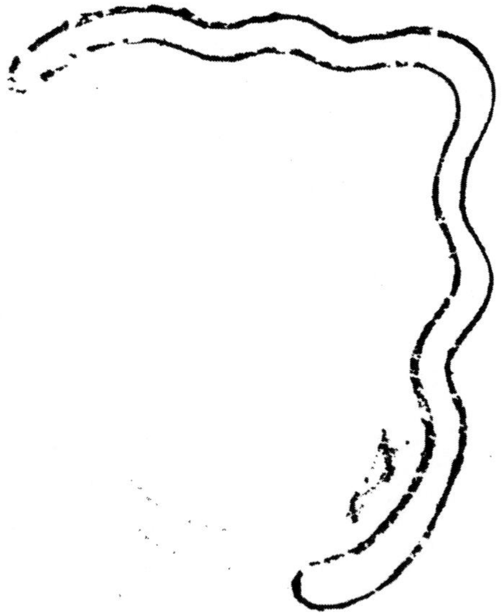

右畔有浜兜
富貴永無休

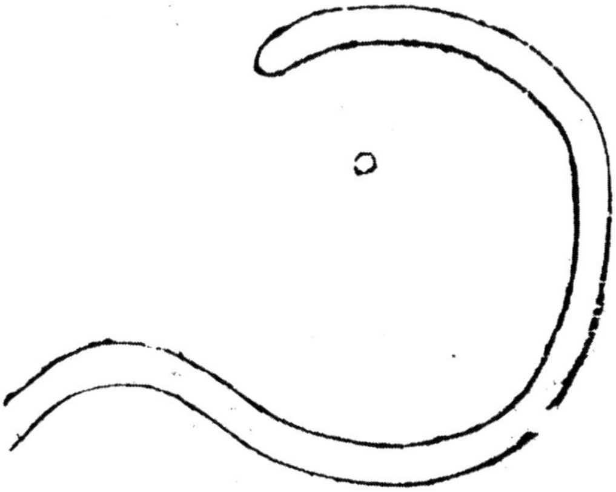

迴龍之水穴居灣
後代爲官非等閒

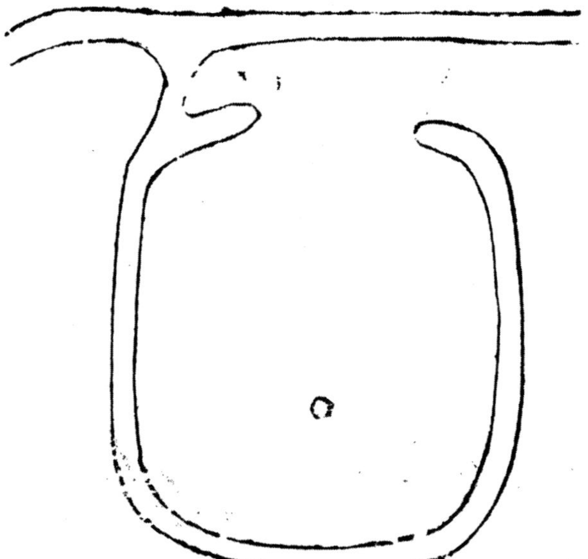

此穴無遮地自寒
浪打風吹不可安

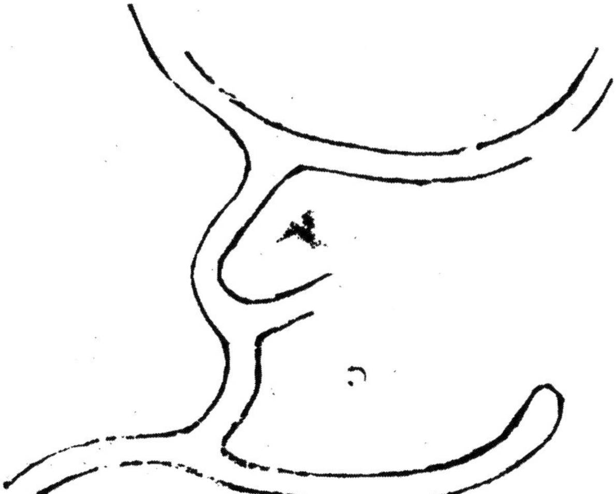

西水歸西去
有子登科第
東水歸東去
四海欽名譽

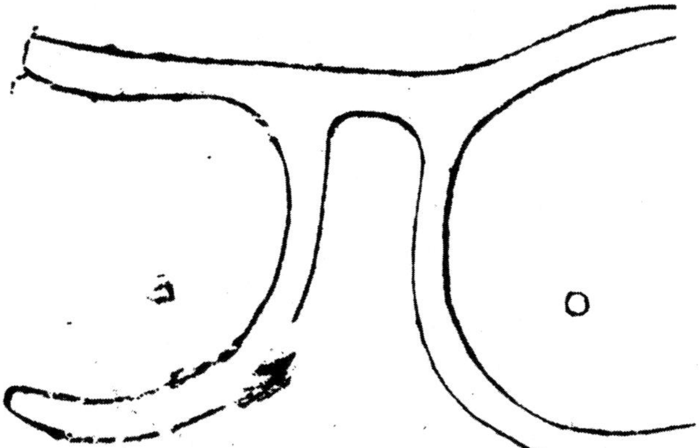

一水中關
孤獨淒寒
若居此地
死後無棺
前沖之水兩分流
有井居中淫不休

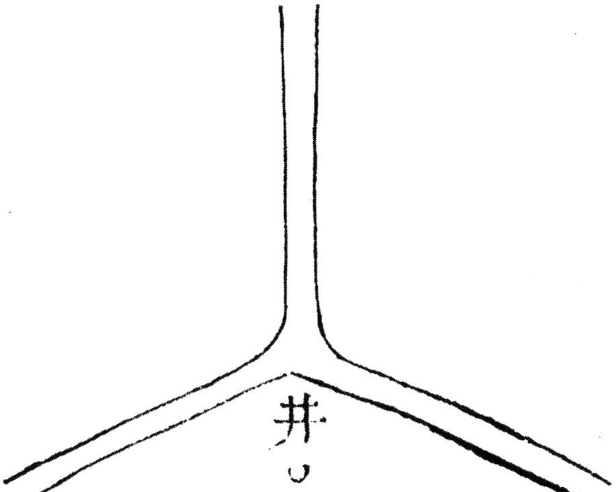

前水直冲穴
後代兒孫絶

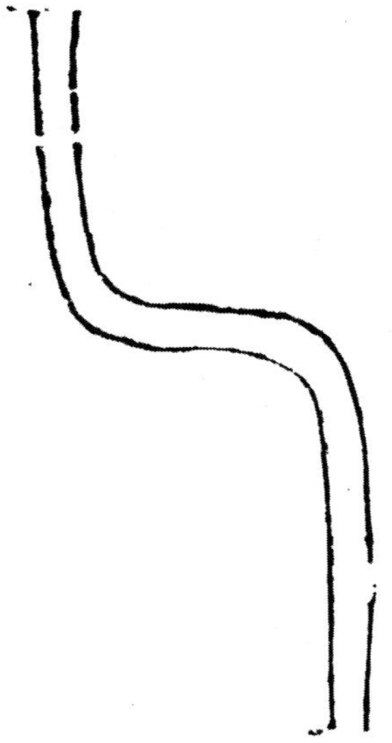

前水斜冲穴
後代兒孫絕
後水若冲來
暴富有奇災
亦主絕嗣

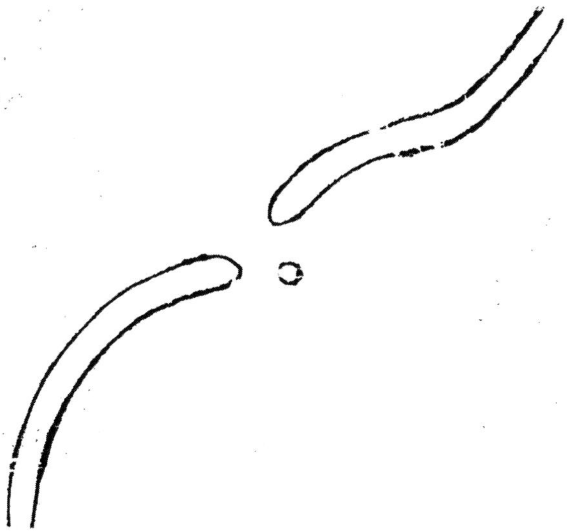

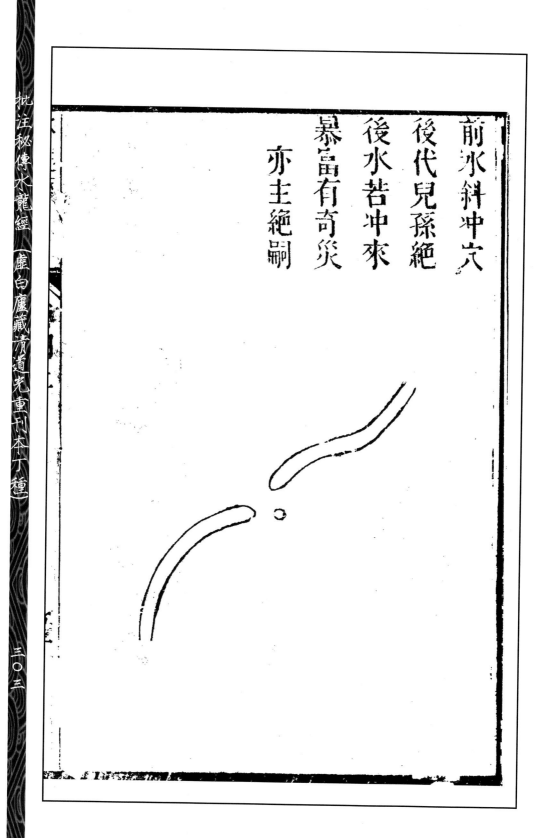

水中龍臂
須看來勢
平處猶可
地高不利

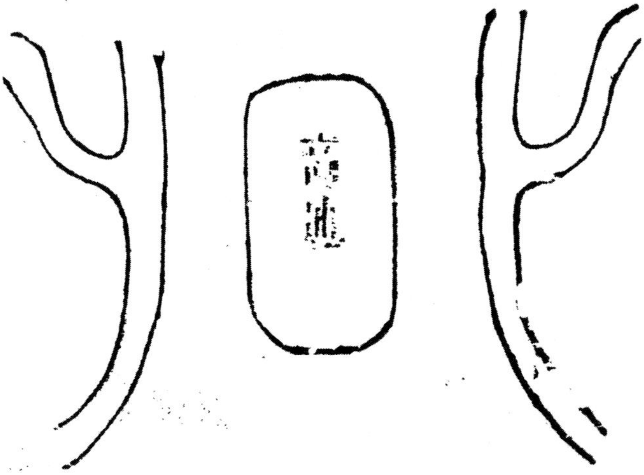

橫水冲脇
人損患瘋
左水殺長
殺小右沖

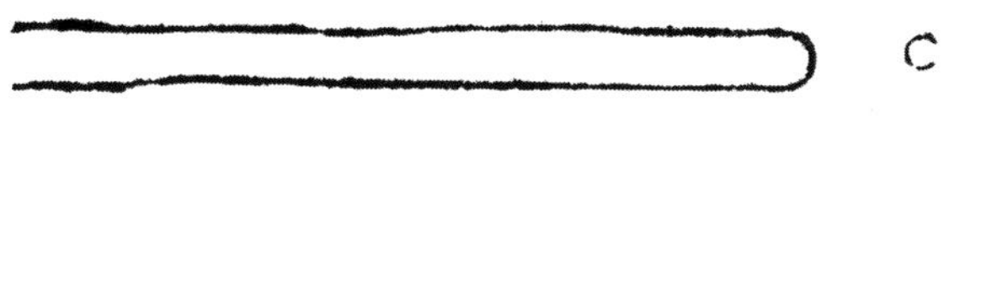

水流曲處射佳城
子孫僧道更家貧

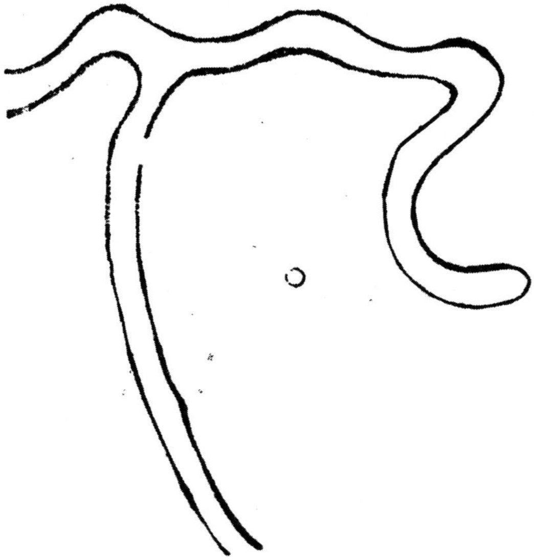

龍虎分飛
父子東西
乾艮風吹
奔走不回

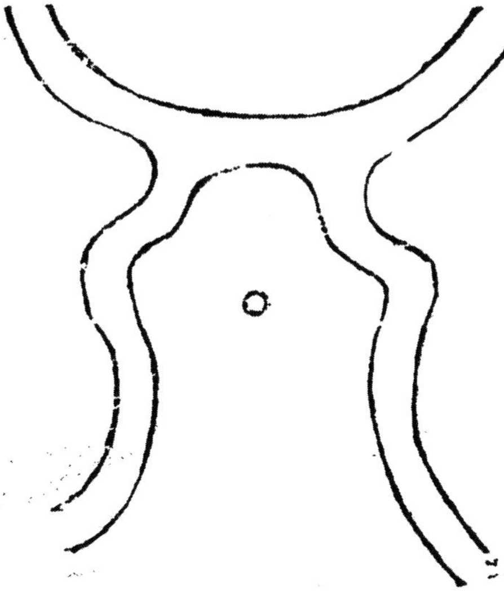

水穿虎跟
東西兩畔
直破城門
人財離散

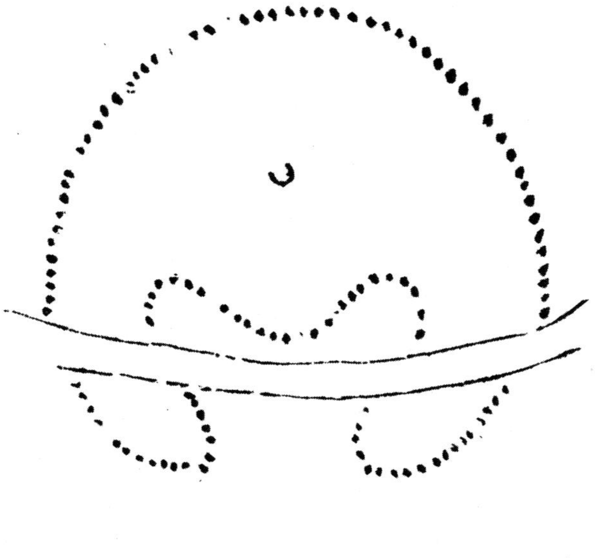

左右分張
徒配離鄉
朱雀抱嘴
官事敗亾

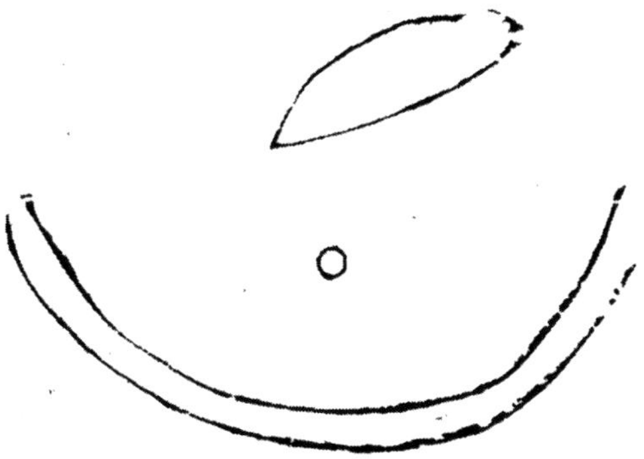

雀水兩分開
災殃日日來
淫亂無男女
何須仔細揣

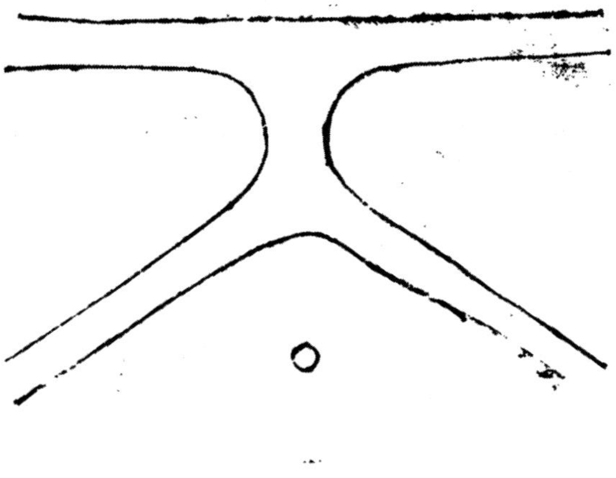

裏頭城裏莫安墳
兩脚東西犯火瘟
誤信真龍求發福
須知不久敗兒孫
裏頭城風字脚
中男吉長小絕

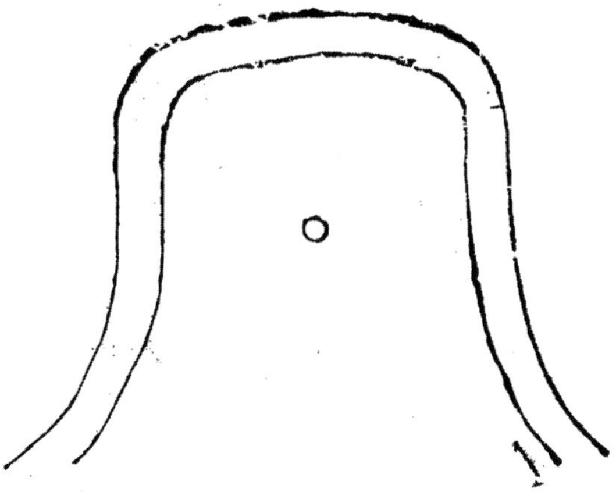

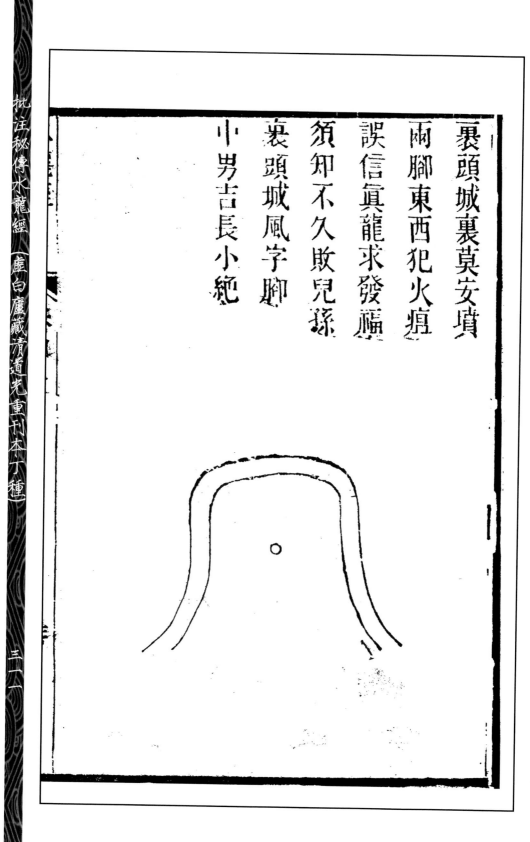

水腳兩分流
其家一旦休

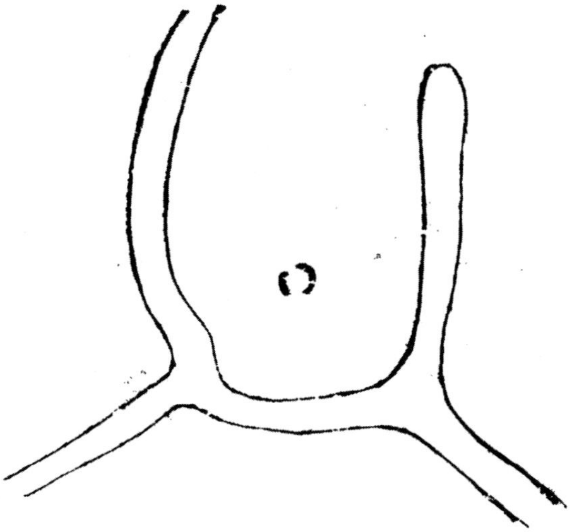

前水分八字
家生忤逆子

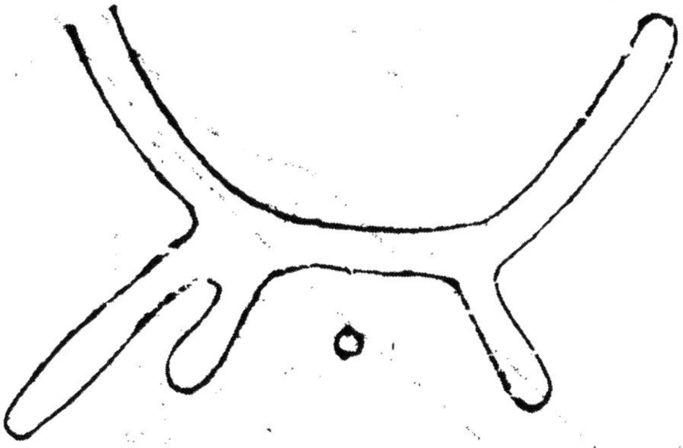

後有水拖槍
淫亂女爲娼
流徒遭顯戮
二代子孫亾

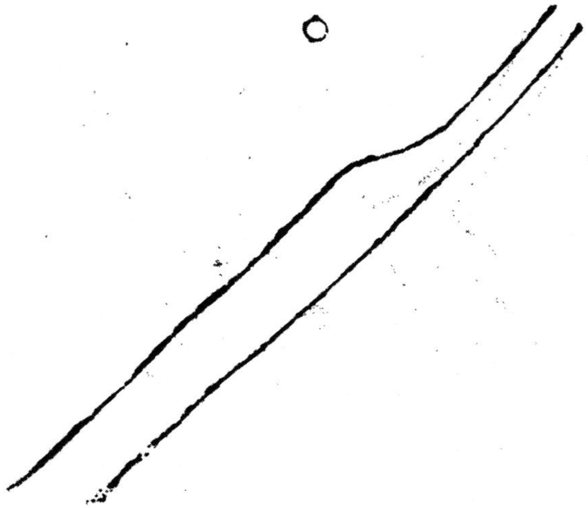

水來生浪如蛇走
人倫敗亂家財冇

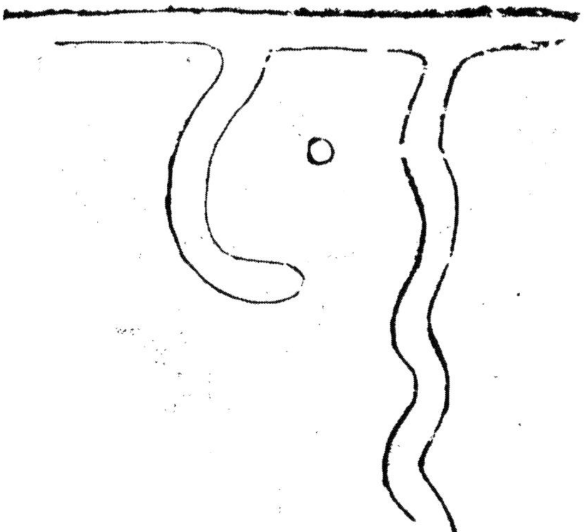

乾水支流
子孫後休

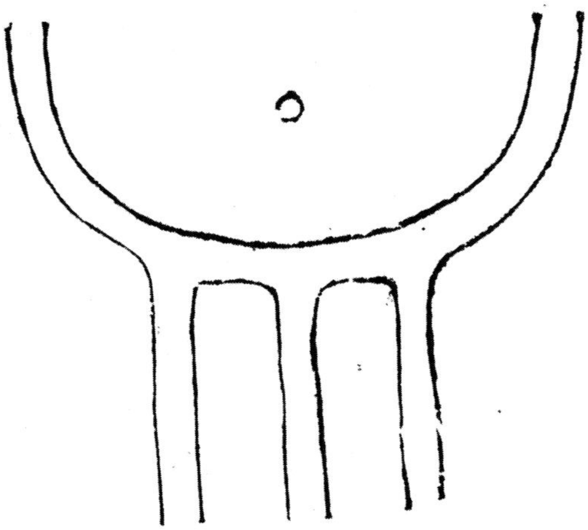

水向乾流
亦做賊頭

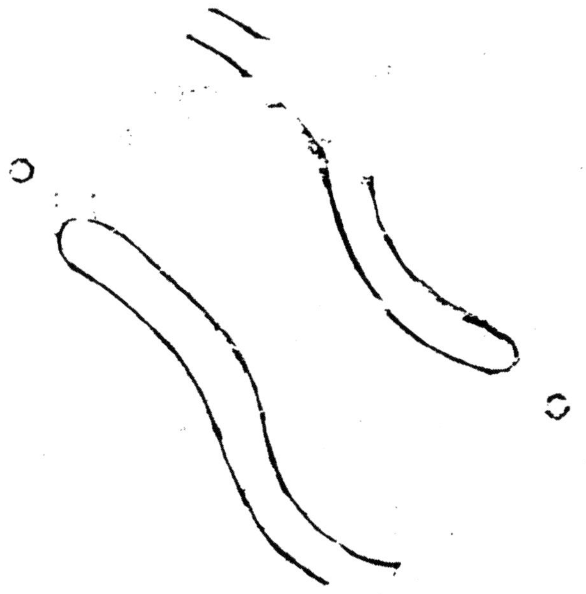

砂前順水似飛旂
金火相刑誰得知
軍賊跎跏跛瞎有
弟兄相殺自傷夷

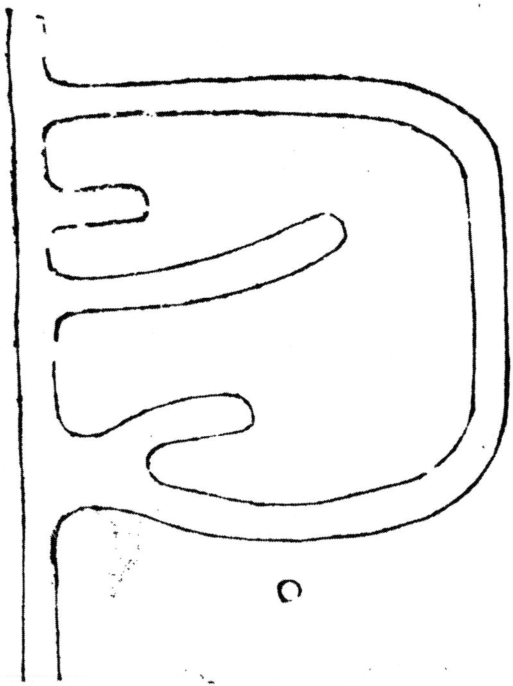

墳前有水不相顧
常招女壻當門戶
墳後艮水樹枝形
子孫瘋疾受災迍

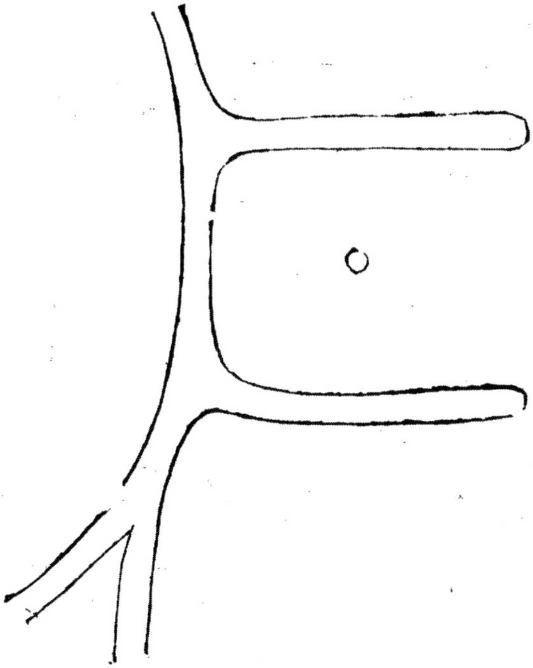

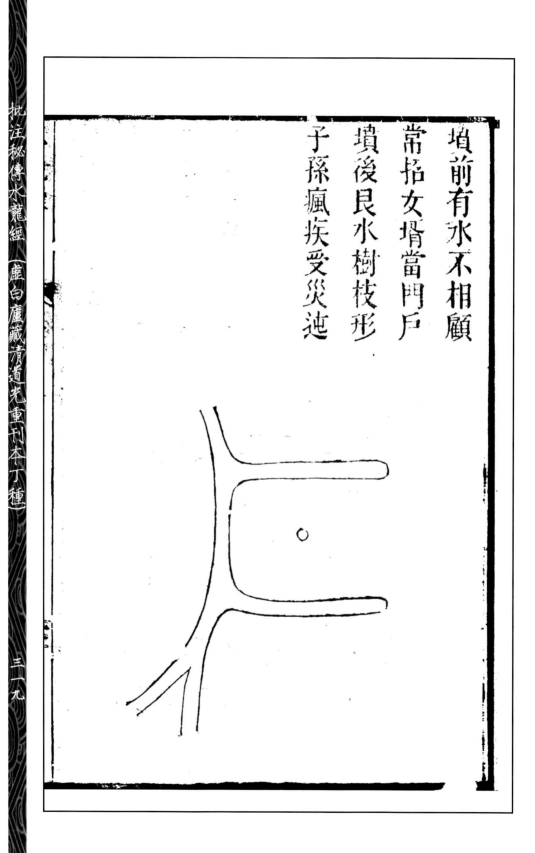

長河一水泊
游蕩為軍賊

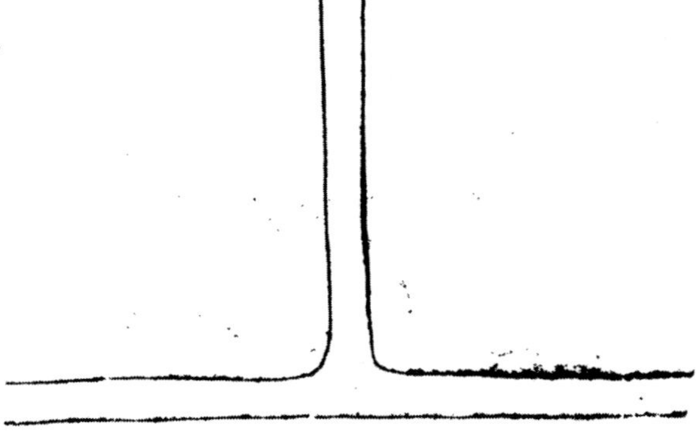

穴右來曲水
回頭去不歸
凶死多離別
家業盡成灰
明堂屈曲斜飛水
賣盡田園人不齒
初年車馬滿門庭
葬後貧窮無鈔使

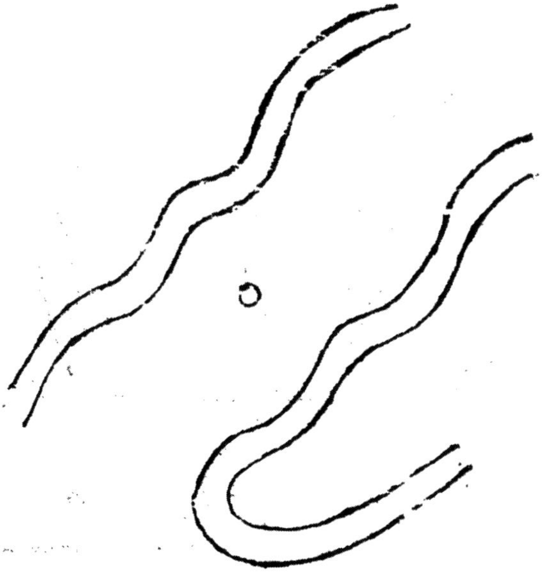

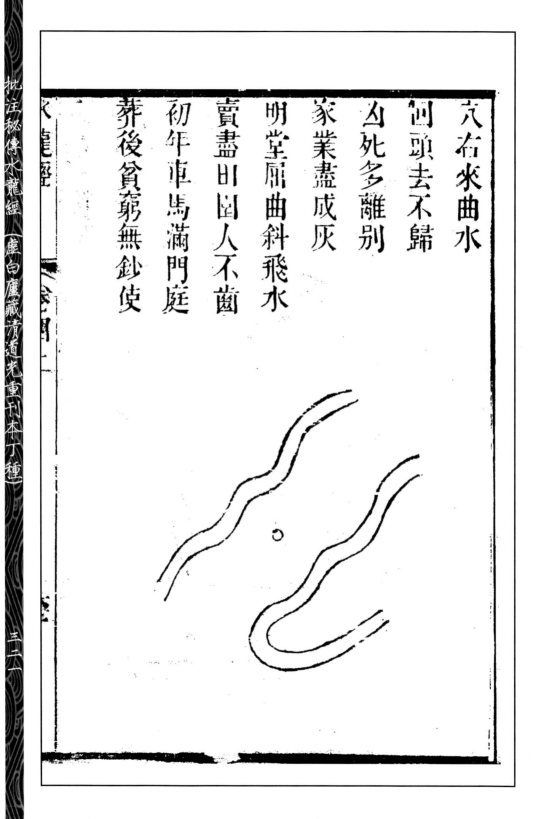

五馬五方馳
水散如分屍
明堂若端正
臨刑赦放歸

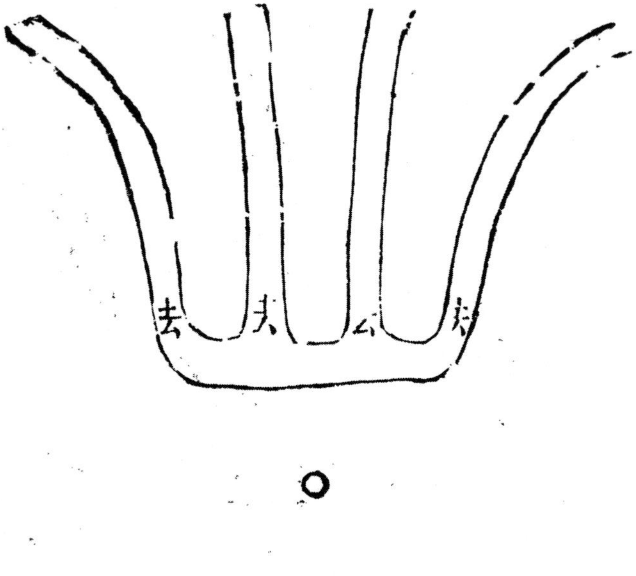

右水反無情
奔走遠流軍

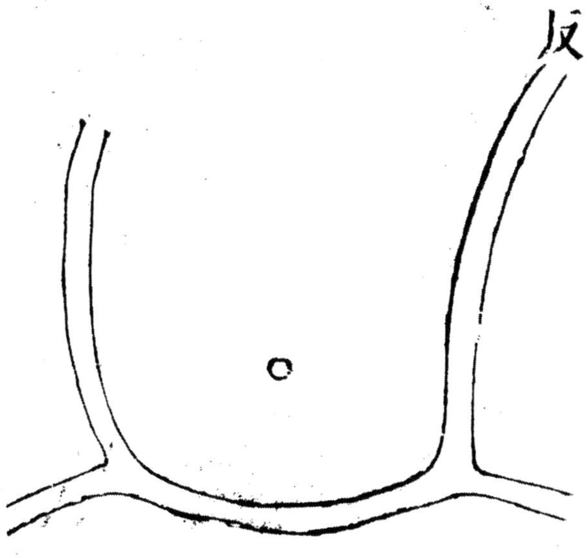

朱雀反弓龍虎張
兒孫忤逆打爹娘
白縊無端官事起
損男損女賣田庄

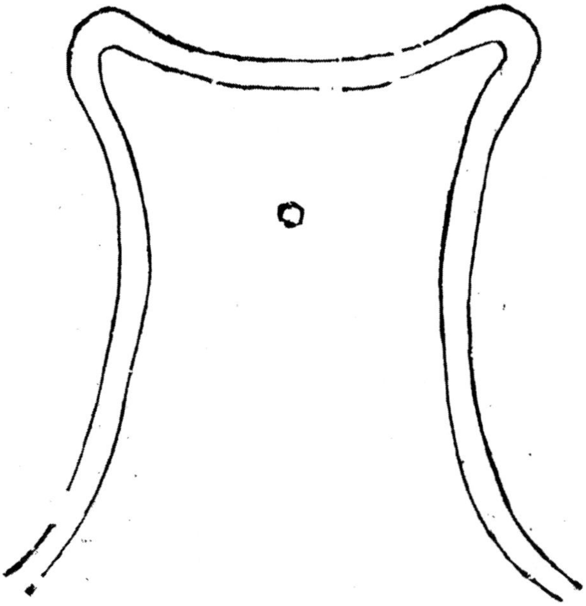

丁字之水主刑傷
又兼女子廣招郎
艮方水反不堪言
子孫依靠別人邊

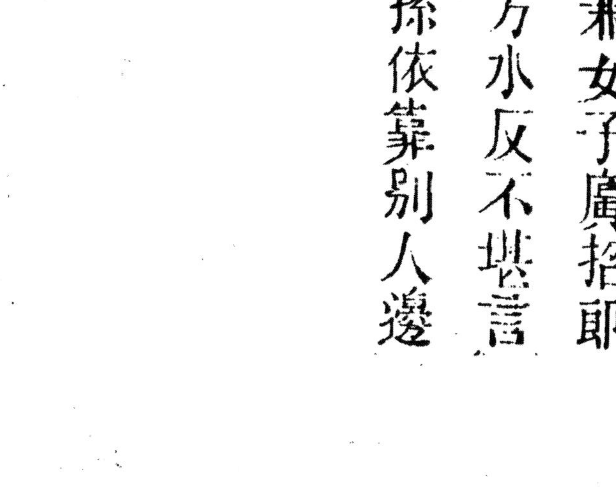

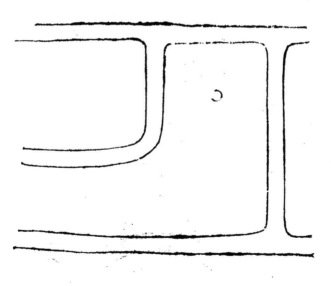

水城怕反弓
逃走又貧窮
後水來龍似反弓
子孫忤逆各西東

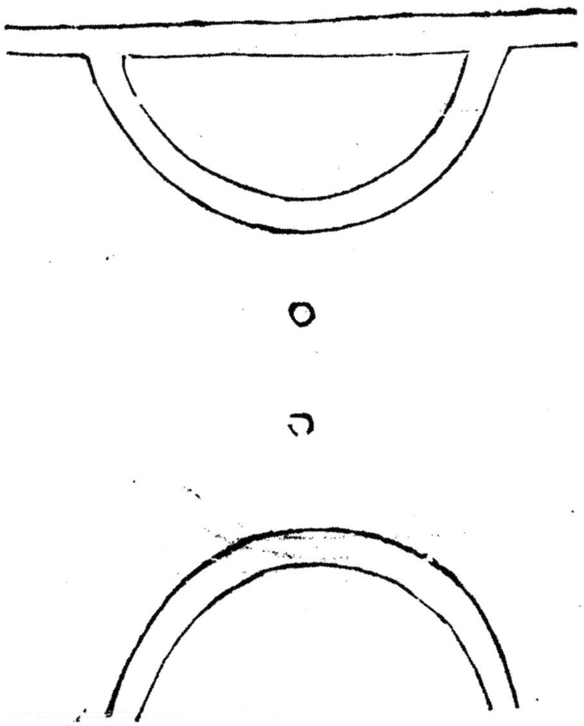

水龍經卷四上終

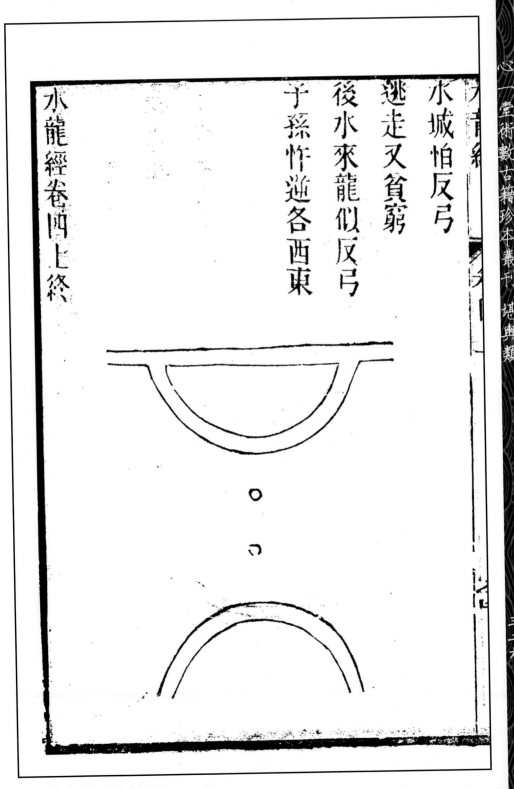

秘傳水龍經卷四下

論異形

團團流水遶墳基

兒孫絕後更誰依

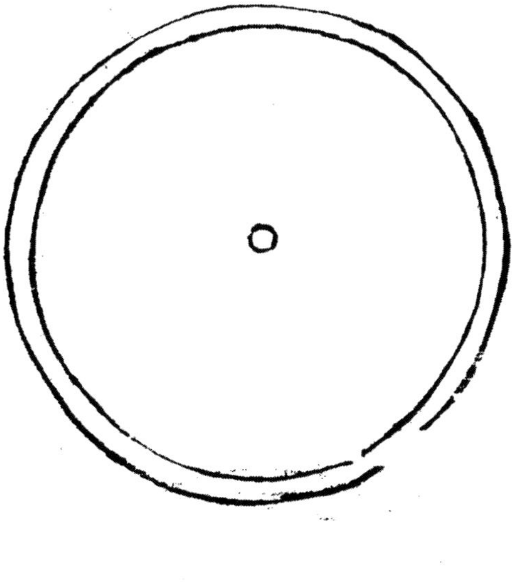

乾槍向巽
配在雲南
坤槍向艮
配在遼東
巽槍向乾
配在陝西
艮槍向坤
配在廣西

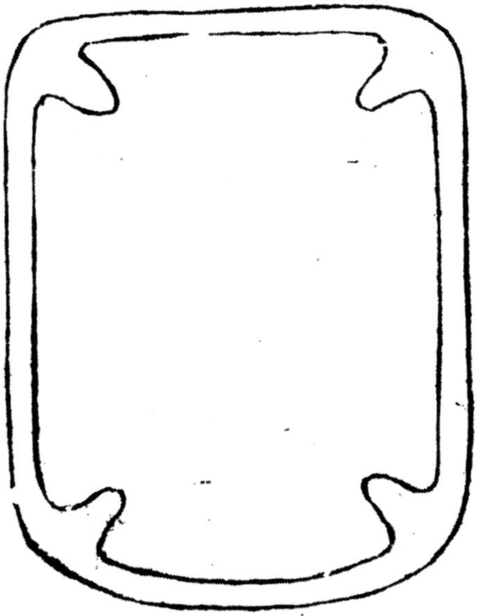

周圍之水遶墳
林破碎損金銀
又兼淫亂無家
室疾病少精神

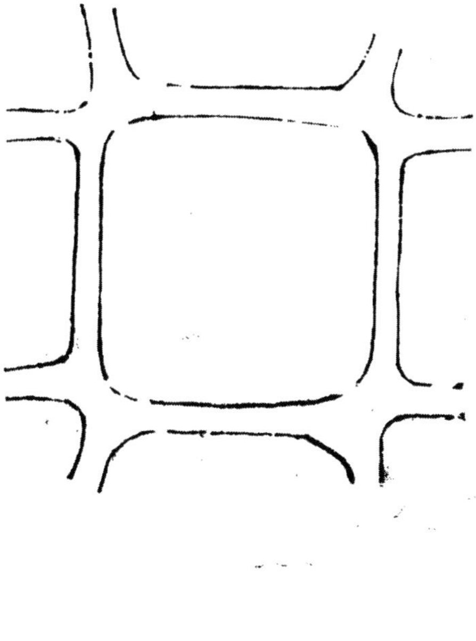

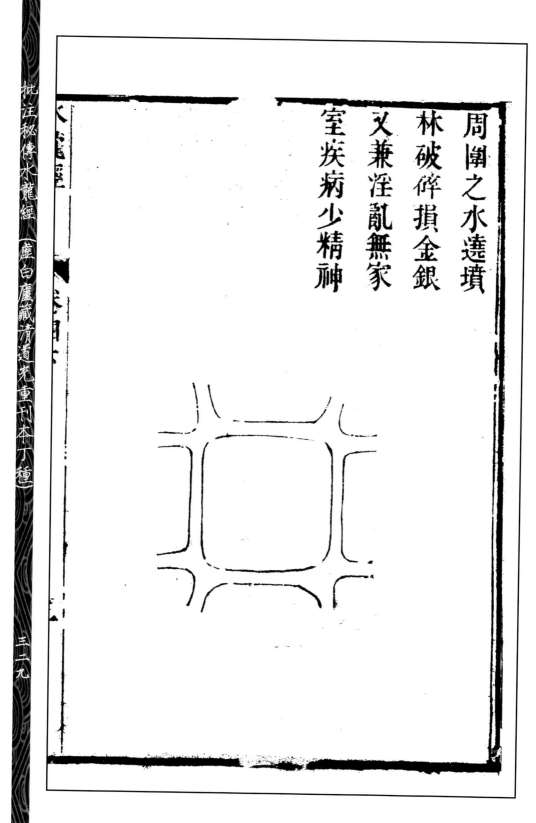

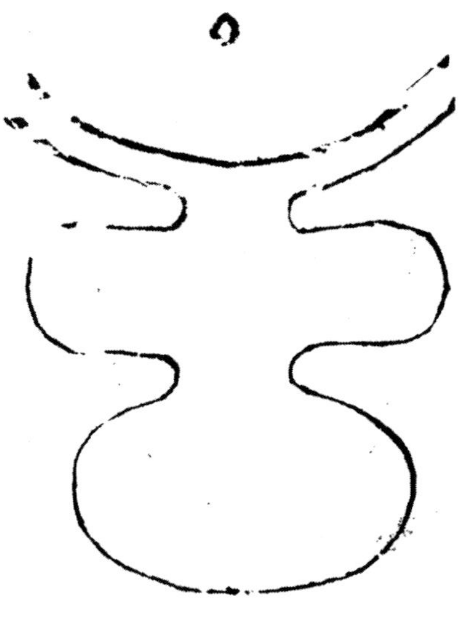

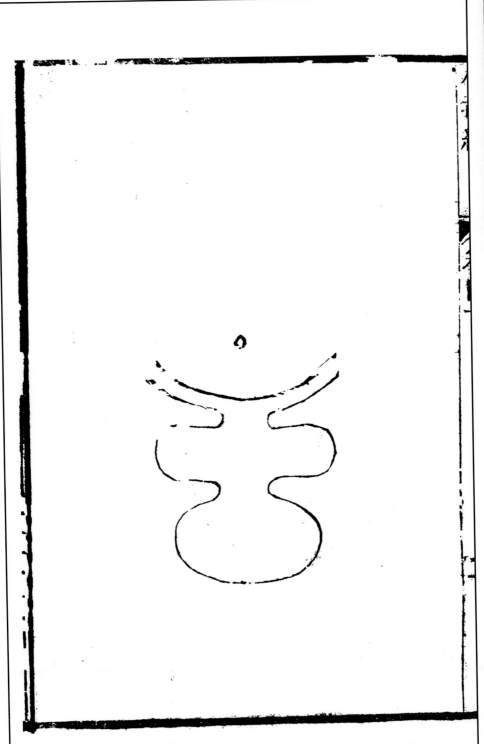

抄佑

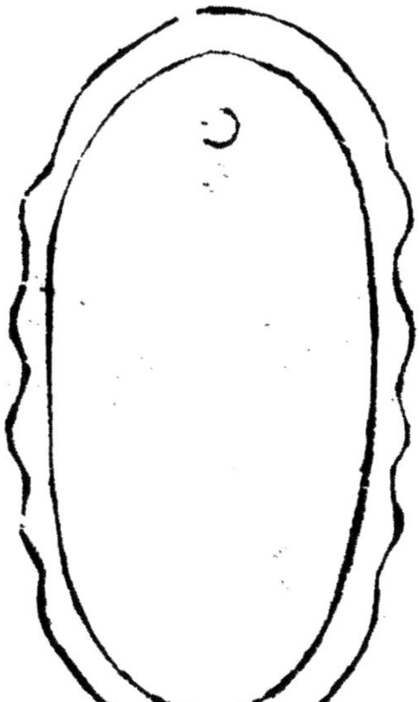

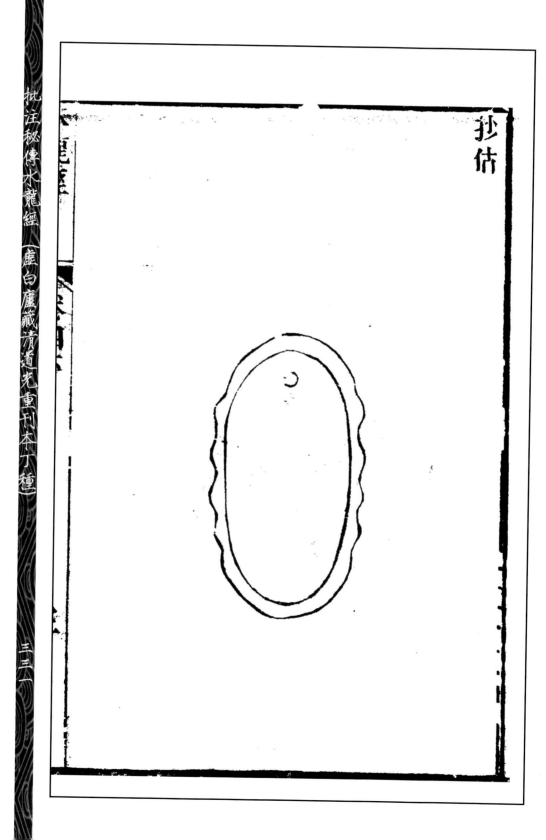

青龍腰上水撤破
家內常常有災禍

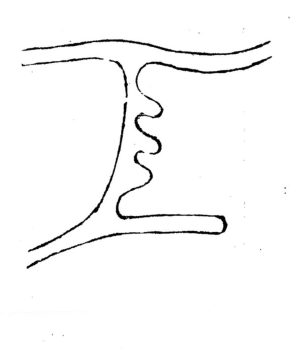

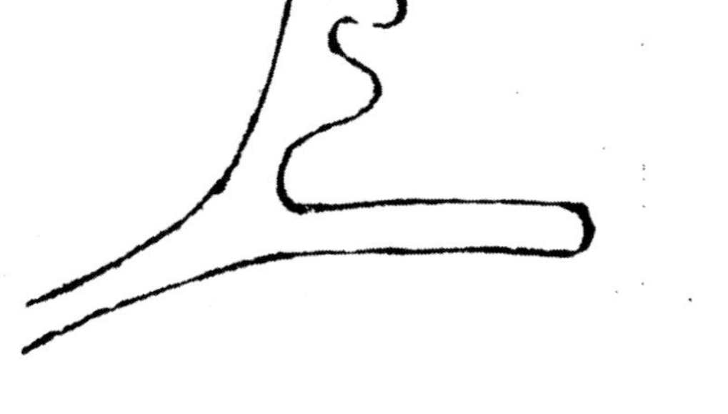

水如卷舌
瘂病磨折
説是稱非
家人損絶

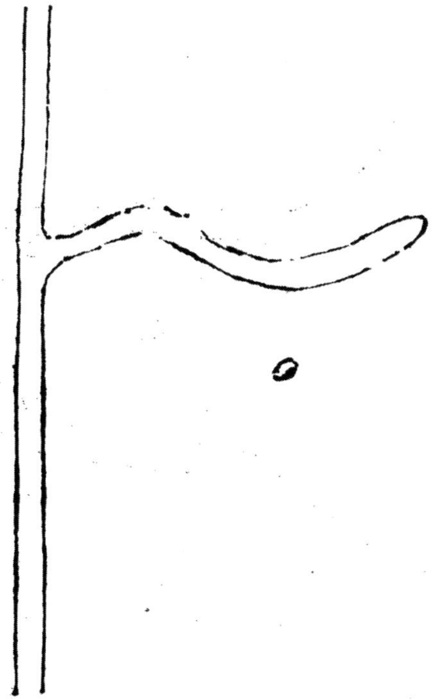

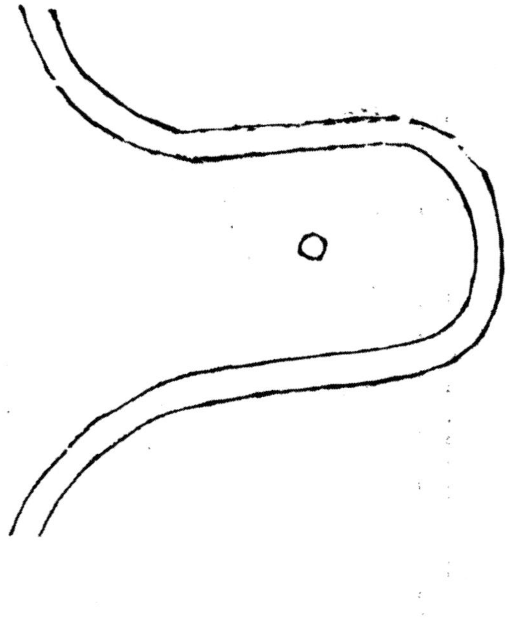

金城吉攝如龍遶
子孫富貴家和好

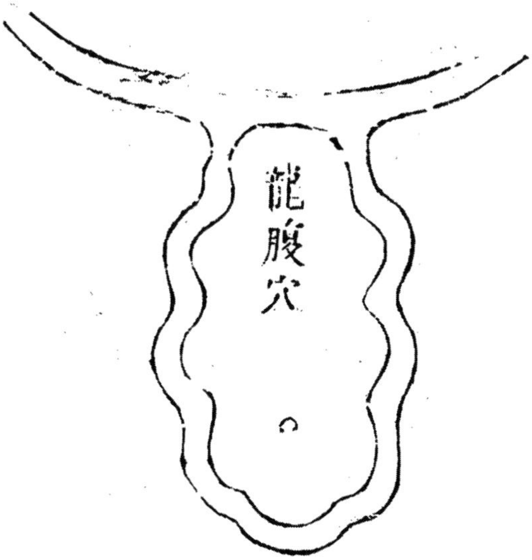

金城凶攝似蛇横
弟兄父子起兵爭

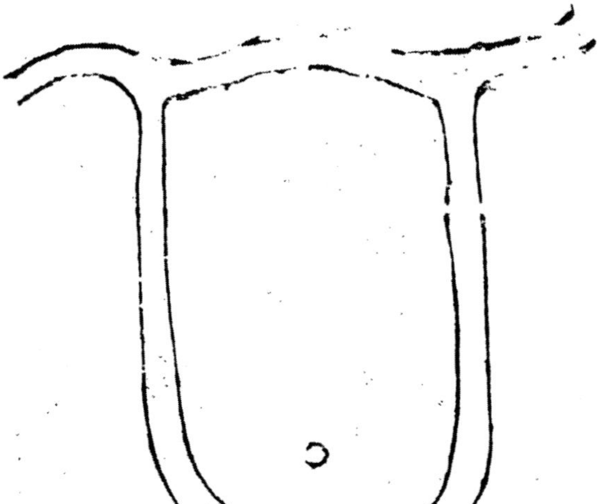

艮巽乾坤
是為四門
一風吹入
貧苦兒孫

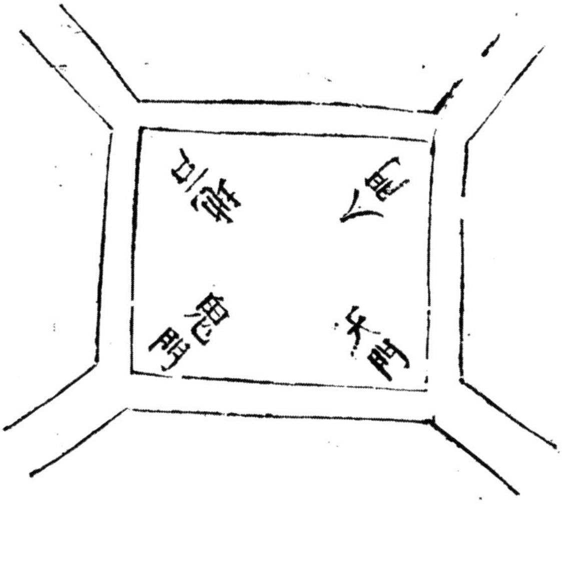

水路生父
家業虛花

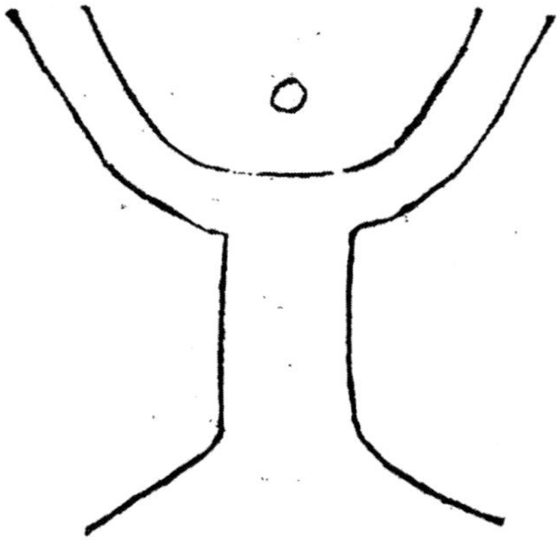

所曲弓形
一門和順
富貴功名
奕世興隆

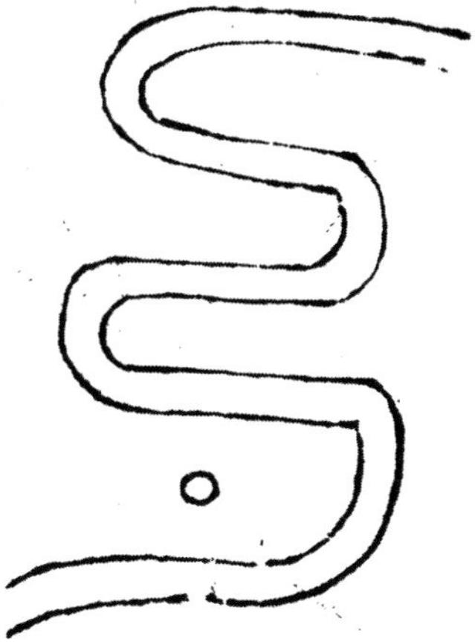

朱雀破頭
百事憂愁

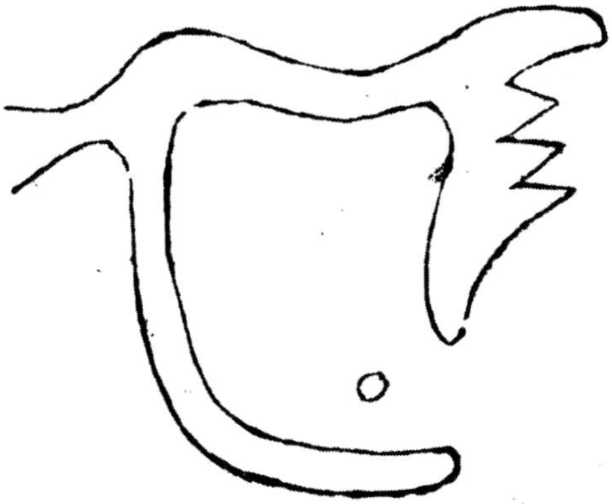

水入金交帶劍
城砂水兩相刑
葬後兒孫終不
顯邊戍遠充軍
先發財後大凶

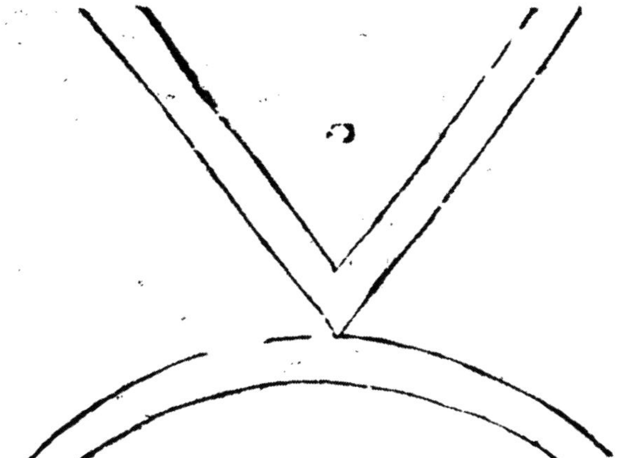

屍槍射穴
囚獄充軍
逃亡橫死
斷絕兒孫

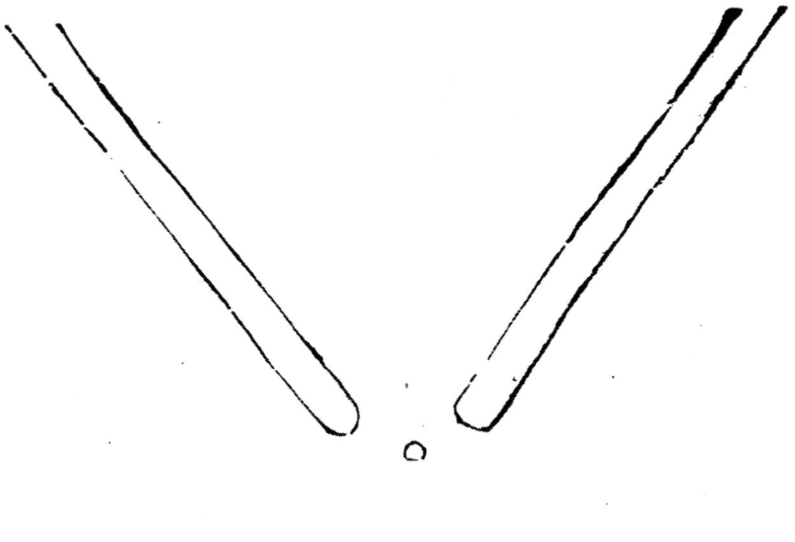

水中有地葫蘆形
分明毒藥主傷人

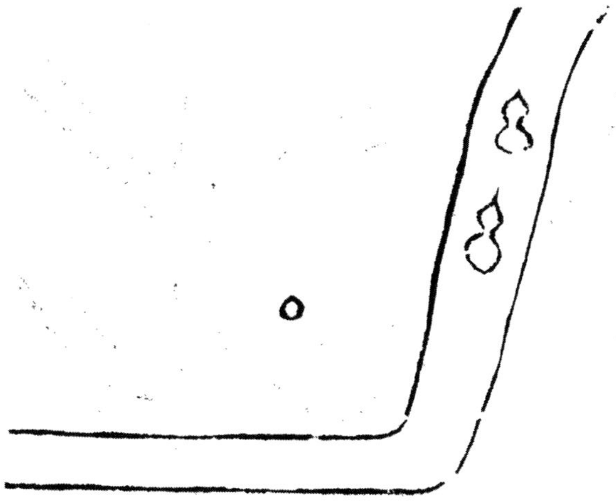

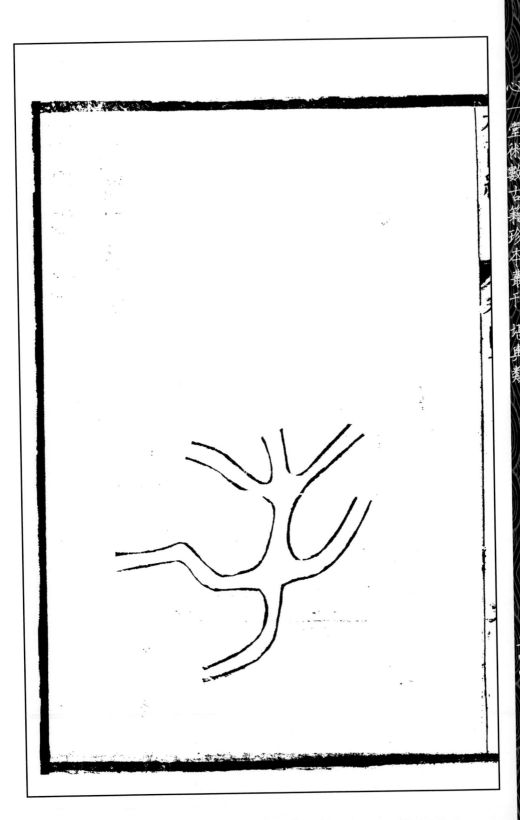

前兜後抱穴居中
見孫福壽位三公

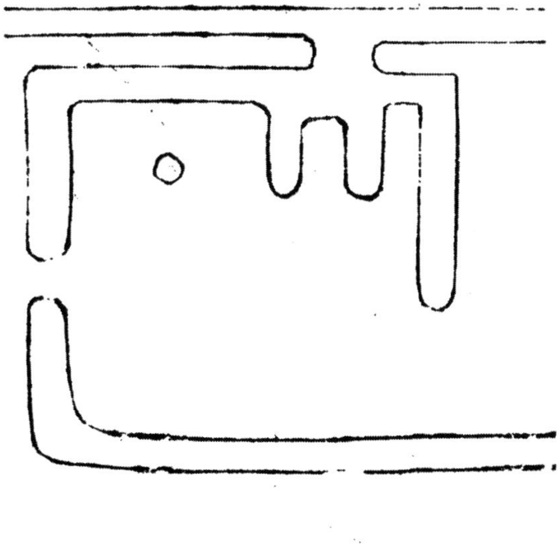

屈曲盤旋
富貴綿綿

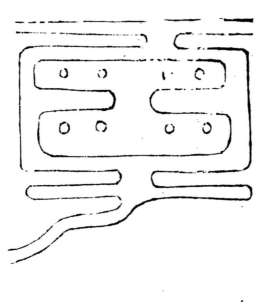

右水見了人
兒孫代代貧
左水見了人
孤兒寡婦身

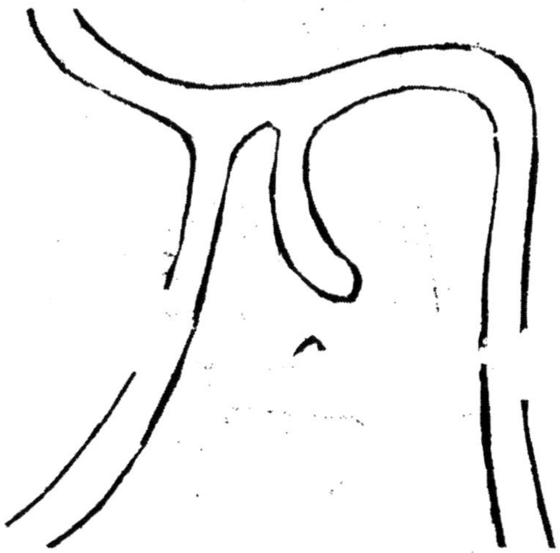

有一邊無一邊衣
食完全不以延

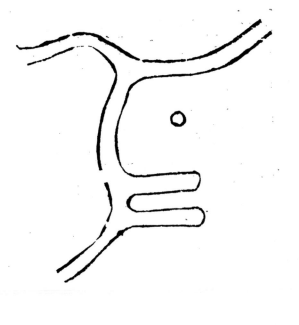

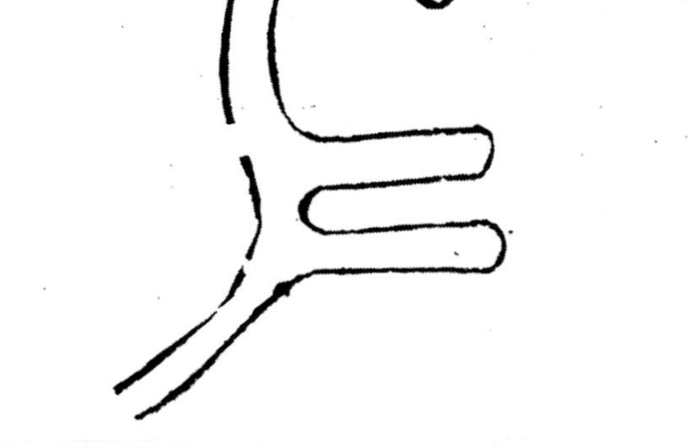

有水如鷺膝
家計終無策

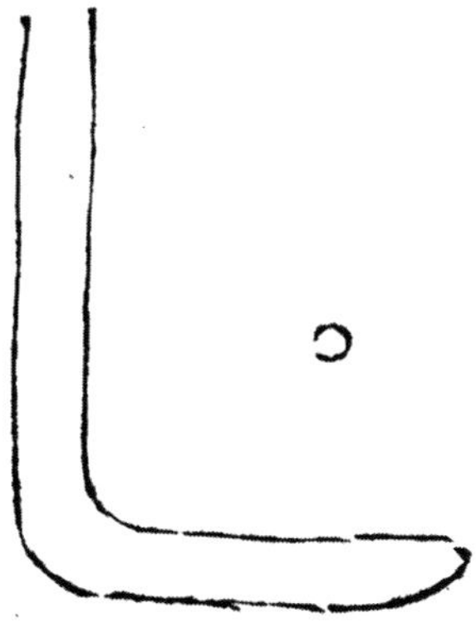

火入金城兩相戰
葬後其家終不顯
功名或是出旗槍
後代兒孫必陣亾

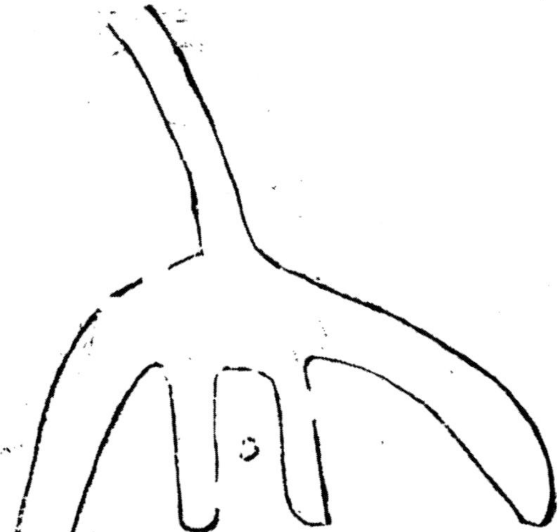

裹頭之水氣無餘
向此安墳總不宜
即使一時能暫發
力衰福薄後無兒

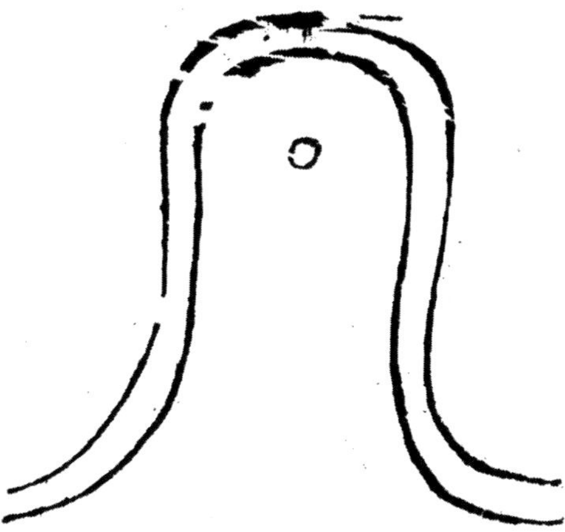

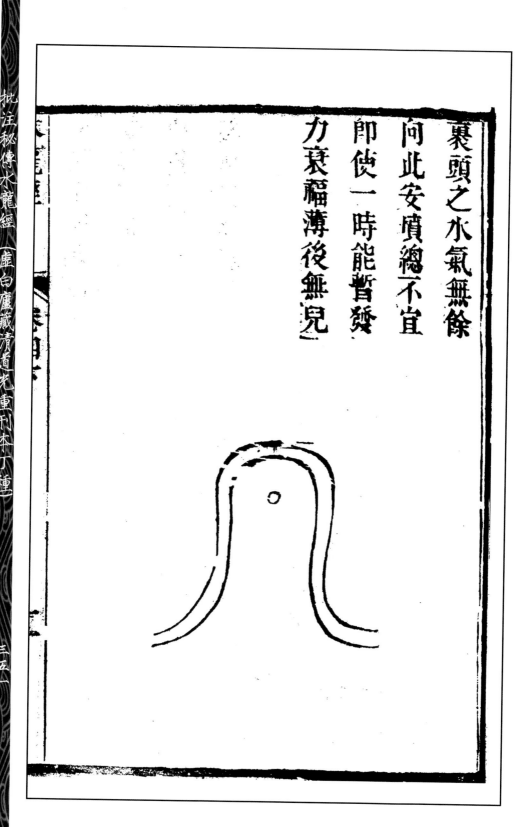

水賊反向穴
下後刀槍割
絕嗣又逃亾
時師莫妄覔

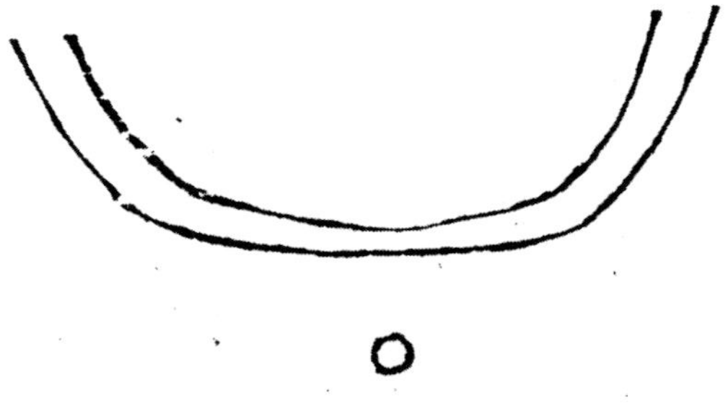

明堂水三折
三公位顯達
前朝砂印案
世世官不絕

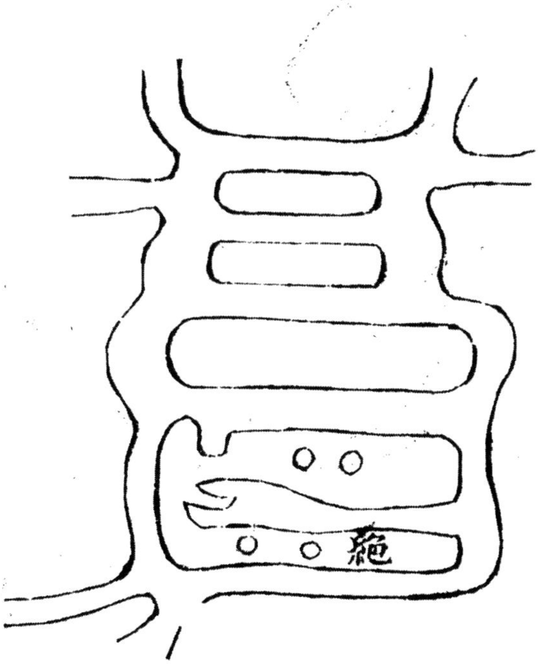

此形須以為凶者

水城屈曲似飛龍
兒孫世世遇恩榮

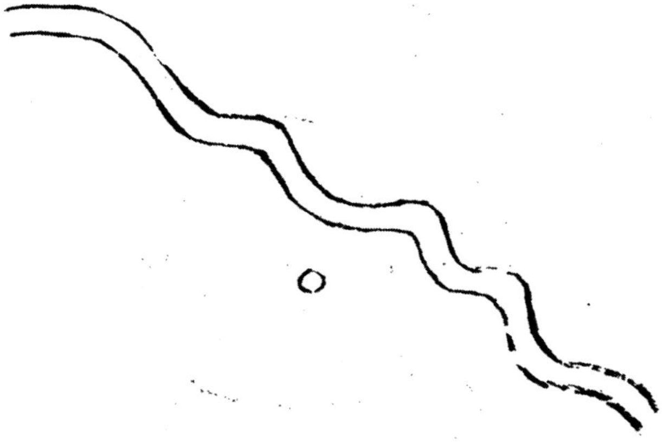

此形有
爲凶者

來勢曲如龍
富貴永無窮

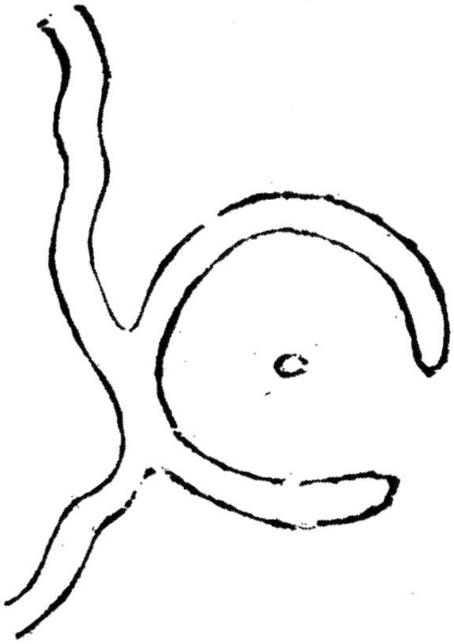

曲水如能至
金鉤元又元
有人扦此地
及第必爭先

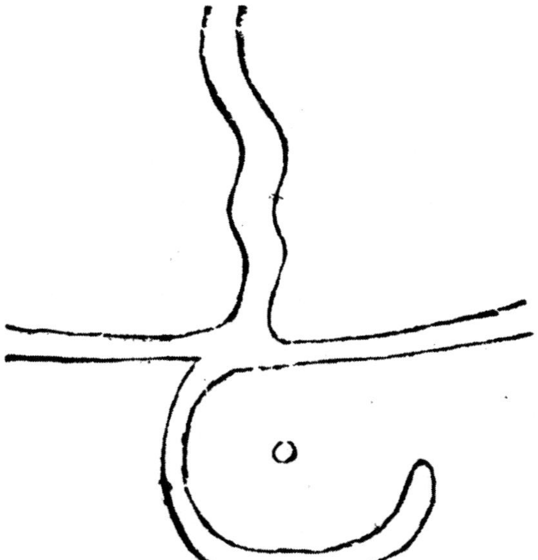

飛龍之水腹中求
兒孫飂拜鳳池頭

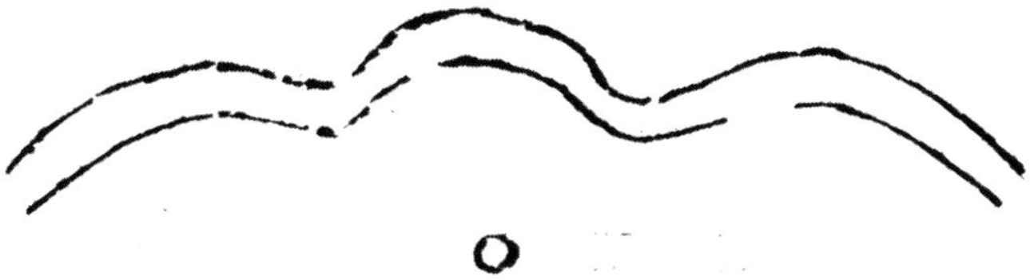

屈曲龍形
首尾朝迎
腹中作穴
卿相功名

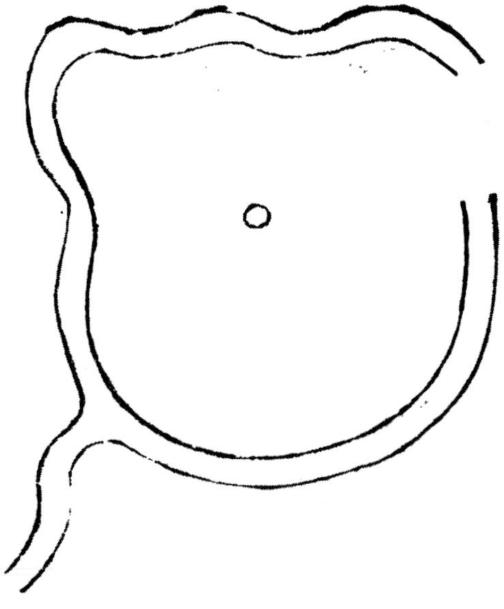

同前

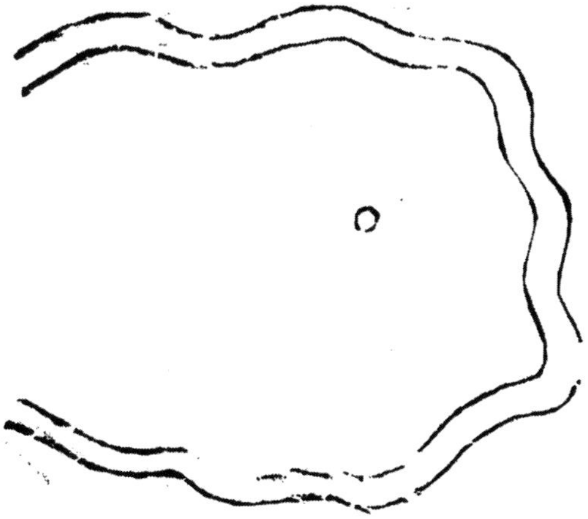

金蛇勢難識
塟後名臣出

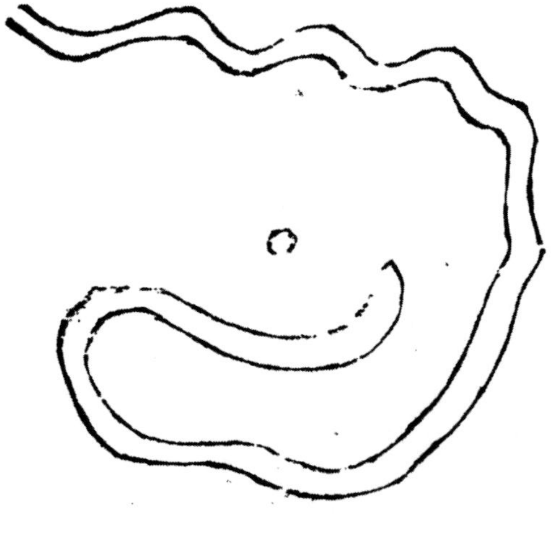

飛龍水難逢
扦着出三公

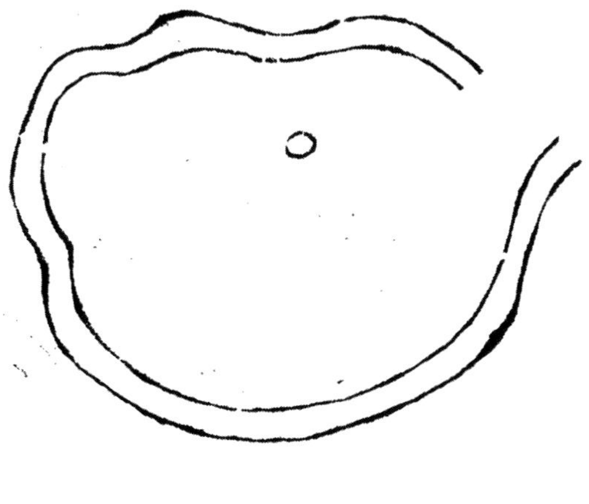

舞鳳水真奇
少年科第歸
男位至三公
女貴及后妃

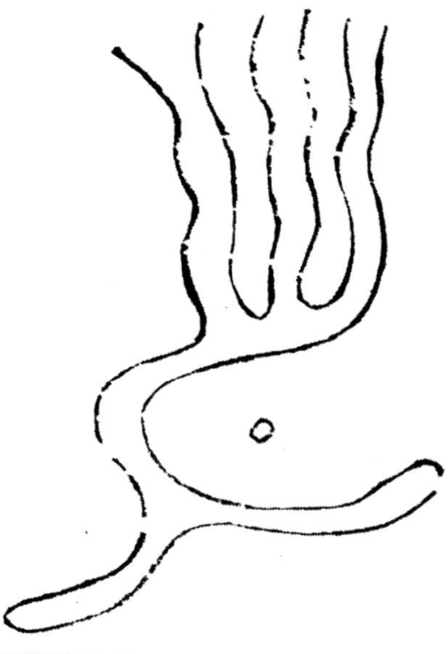

雨龍相會
或雌或雄
貴封侯伯
富擬石崇

曲水緊纏身
後代產奇英
路朝逢旺地
學畫佐朝廷

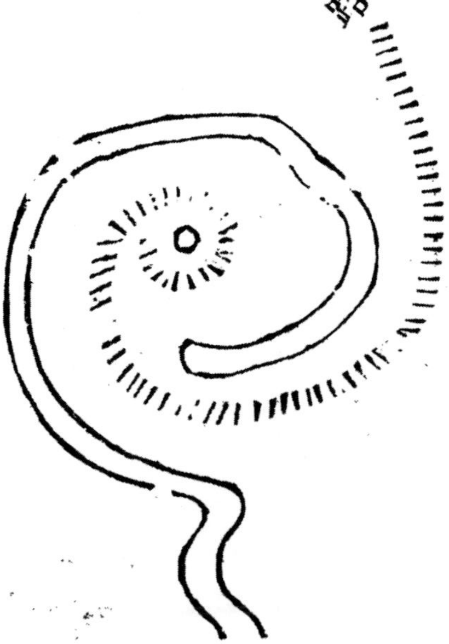

逆龍二水互相臨
砂水分明是合襟
寬抱彎環如玉帶
綿綿富貴作公卿

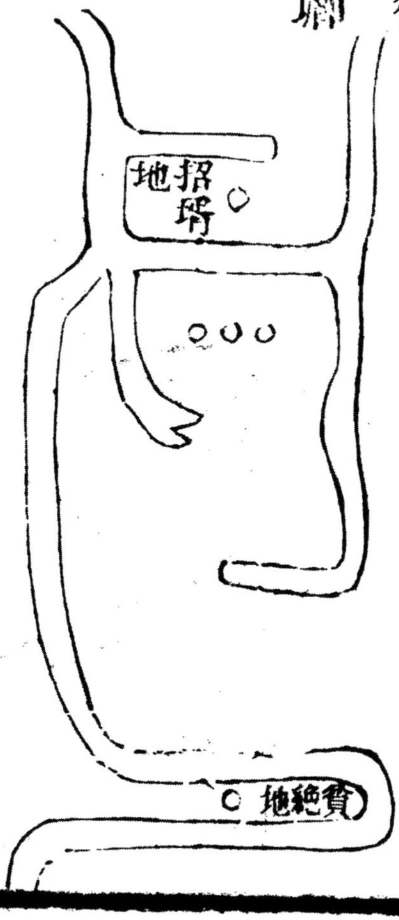

一重路抱一重城
金水重重前面臨
若是穴中能包裹
兒孫發貴達神京

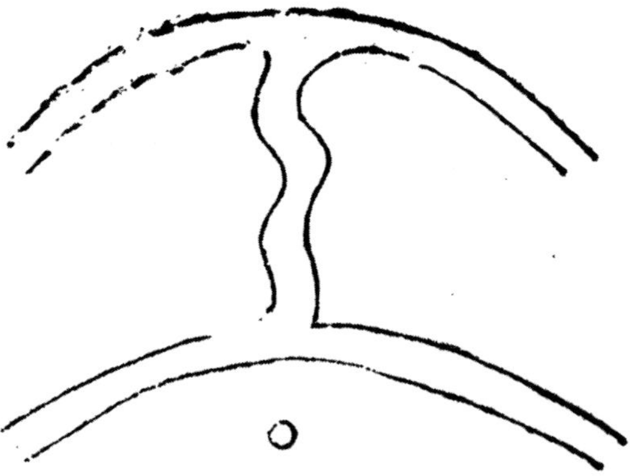

穴向三龍水後兜
子孫富貴永無休

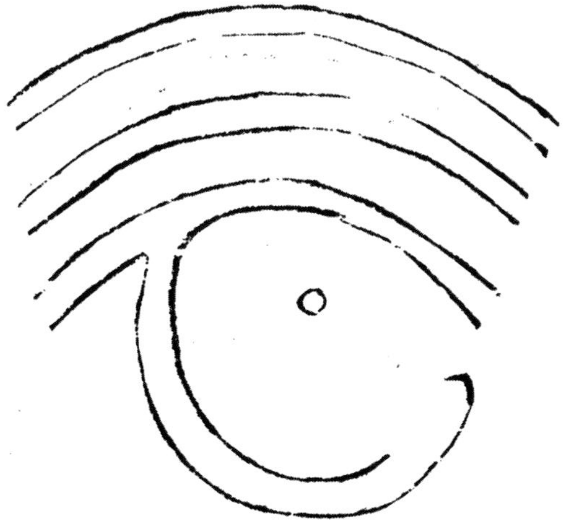

蟠龍水後兜
代代作公侯

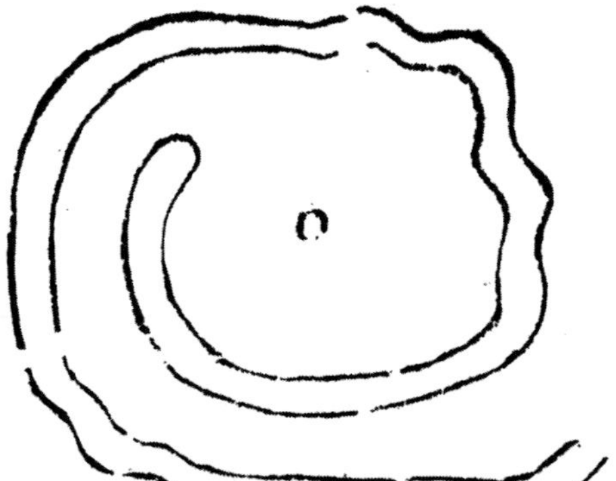

左轉金鉤形

富貴旺人丁

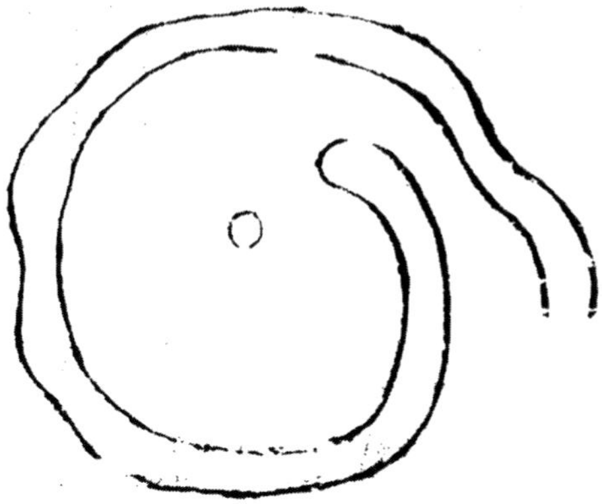

二水右邊出
不孝兼多疾

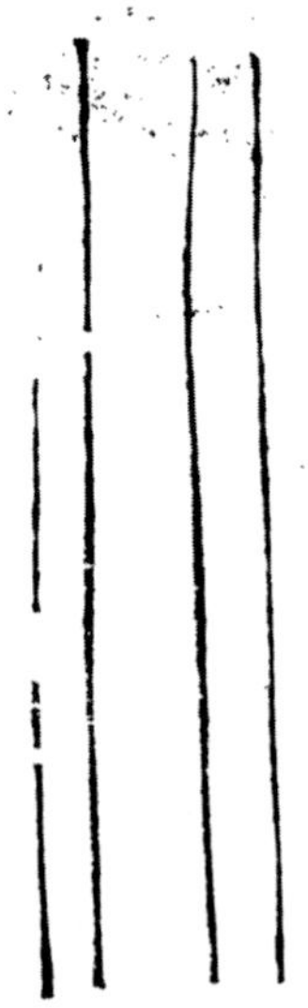

同上

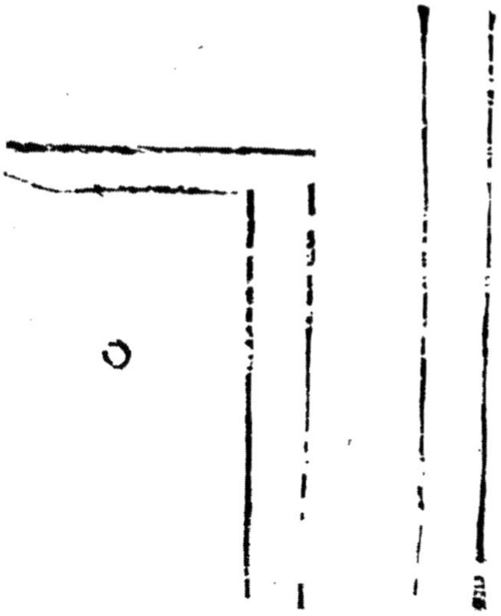

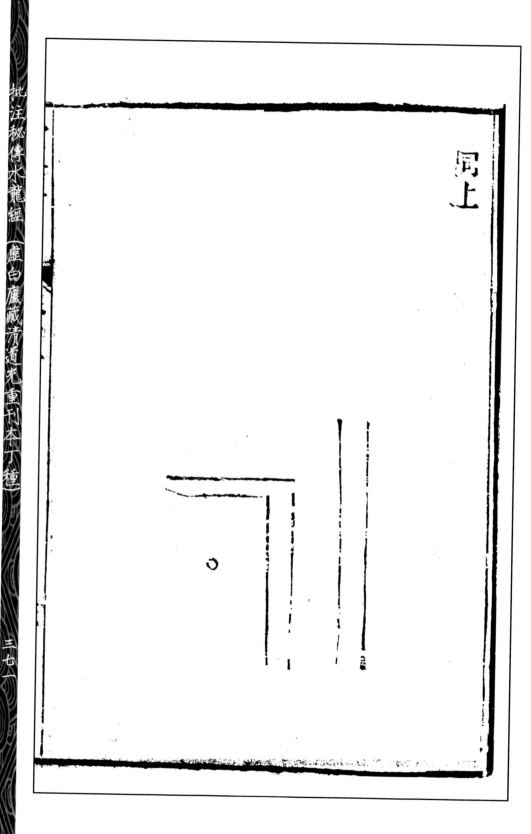

瓜藤之水
節節有情
若扦此地
振起家聲

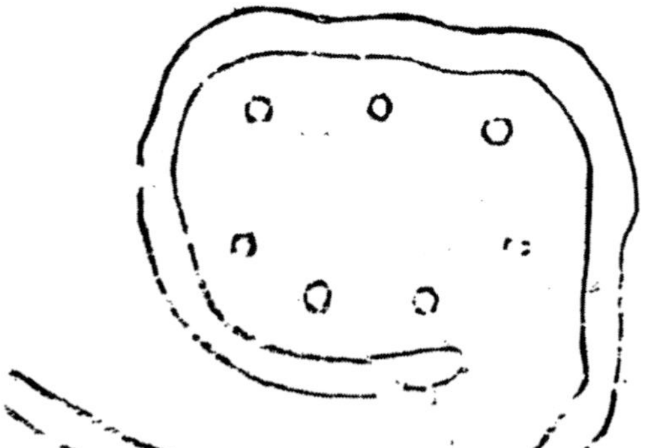

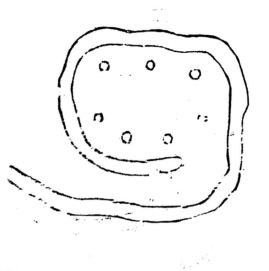

金鉤左轉
富貴兩全

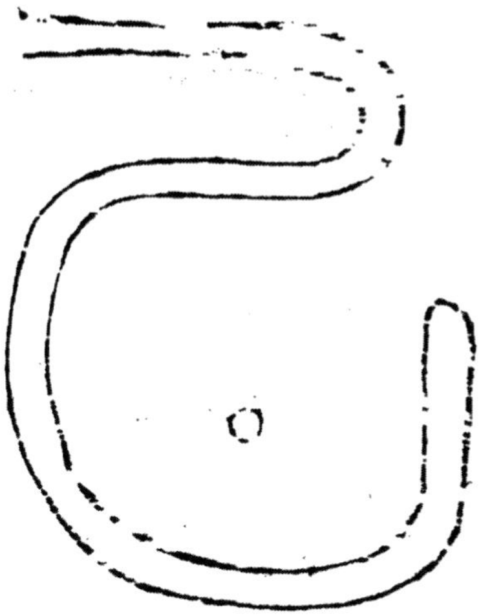

同前

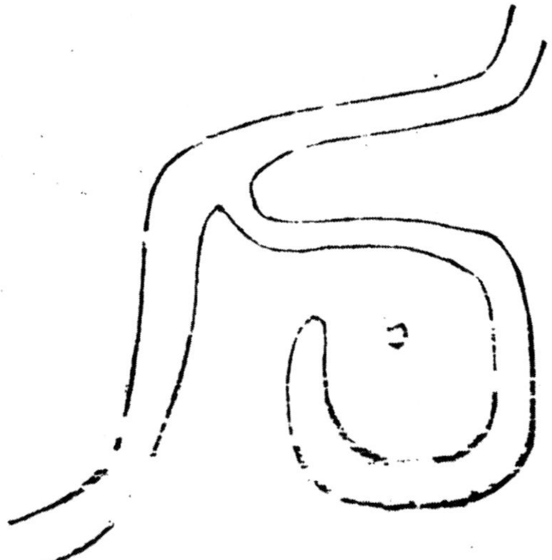

水似玉鈎形
後代有榮名

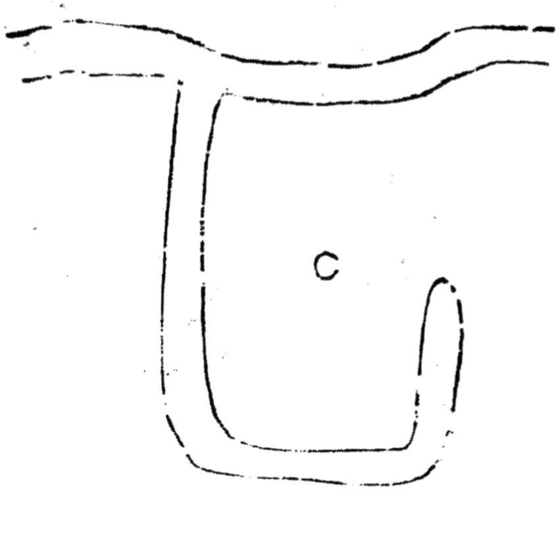

秀水前來
穴映三台
堆黃積白
名巒爲臺

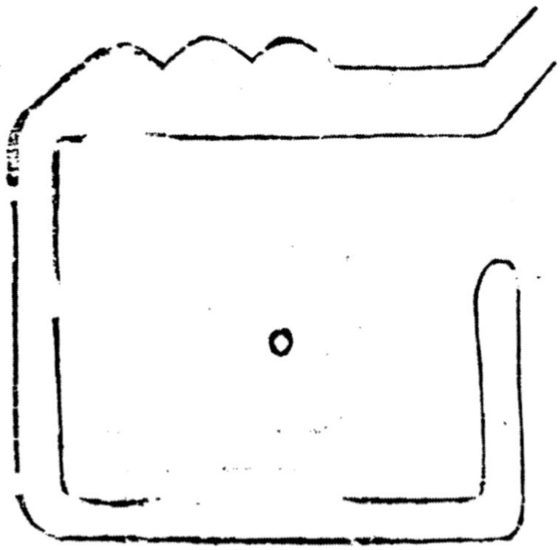

同上

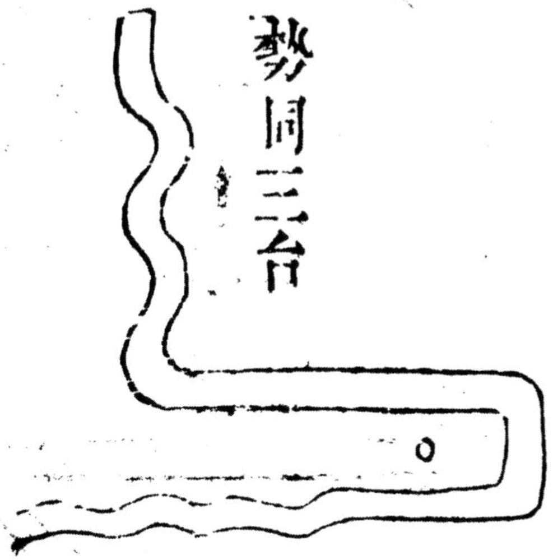

乙字水映身
家出大朝臣

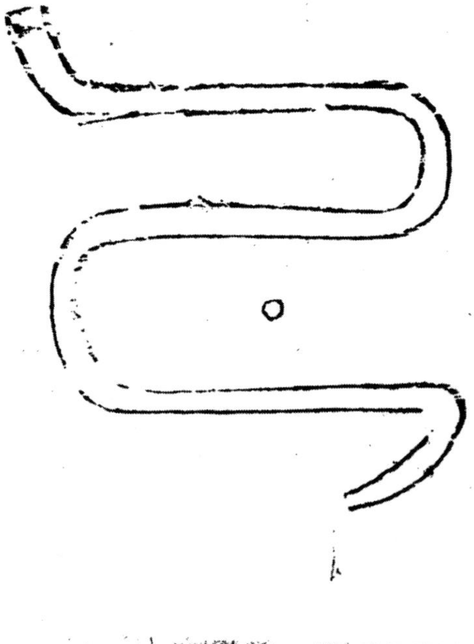

同上

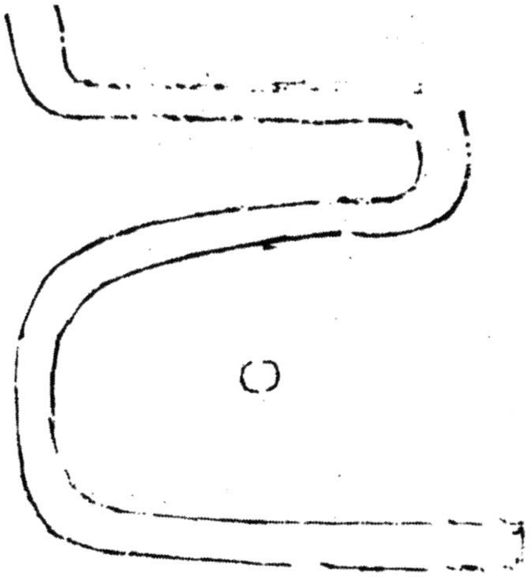

之字合襟之字流
如州如府貴無休

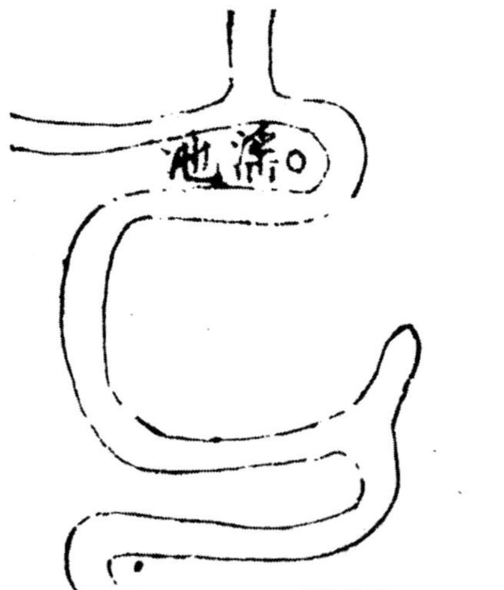

十字水邊墳
兒孫手藝人
温飽多成敗
娼優賤且淫

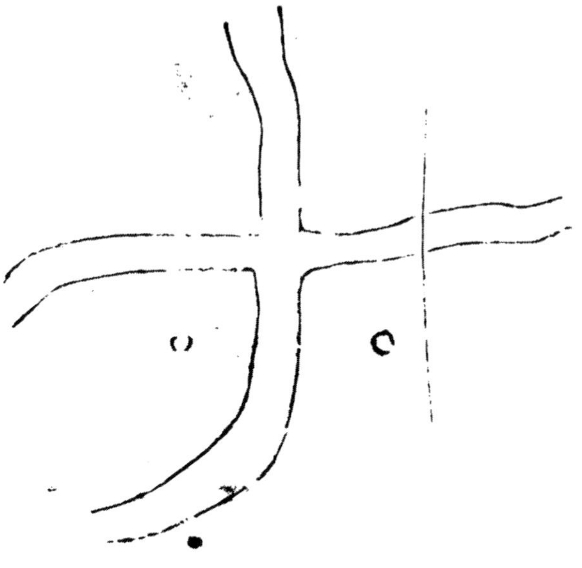

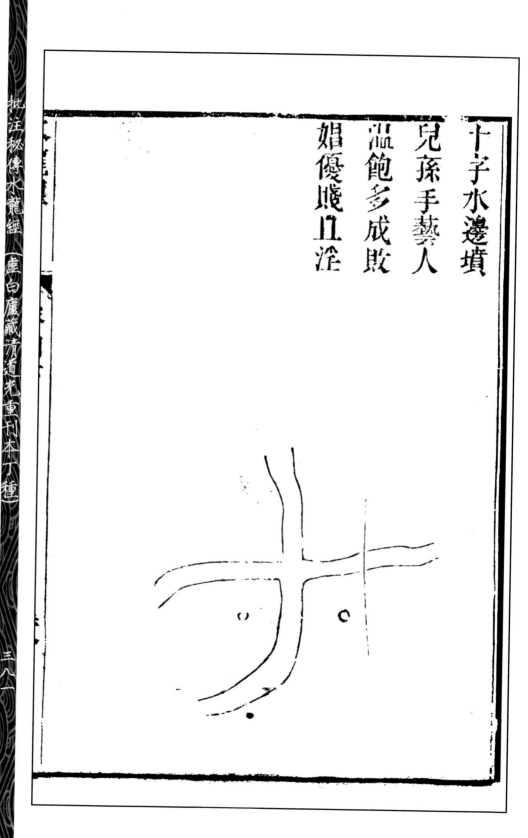

丁字成形無後前
川字井字總一般
分明市井塵囂地
有志功名未可交

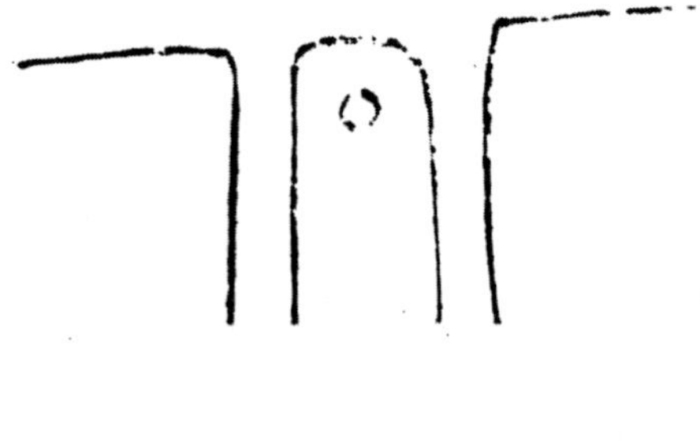

此地分明結穴眞
吉凶未便語時人
若遇明師點眞穴
定然富貴作名臣

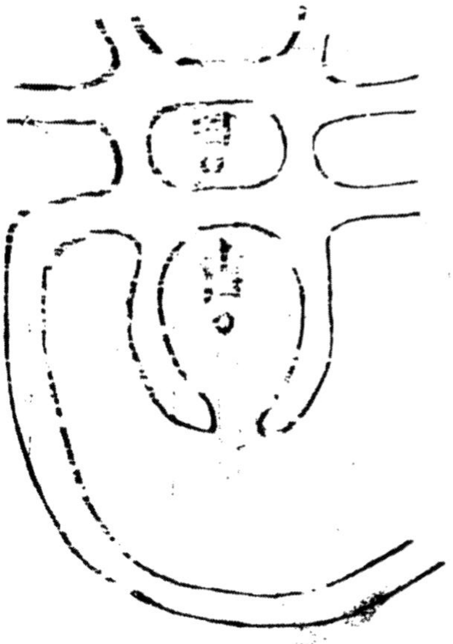

三十年來走道途
未曾識得仰天湖
若使有人扦此穴
兒孫衣錦達皇都

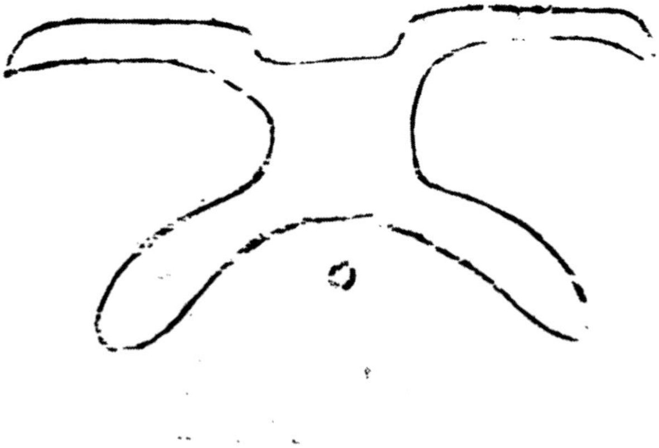

同上

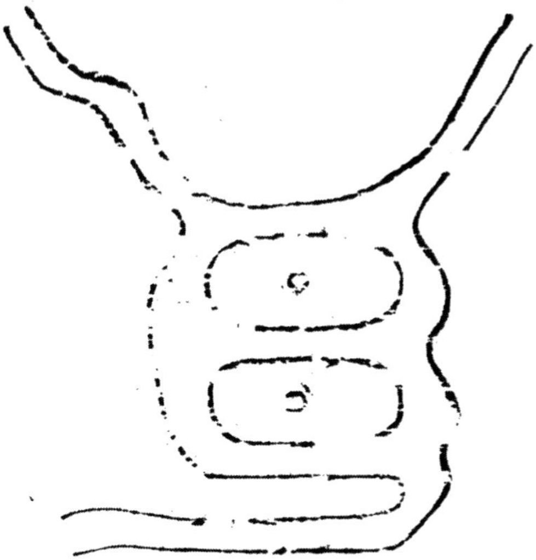

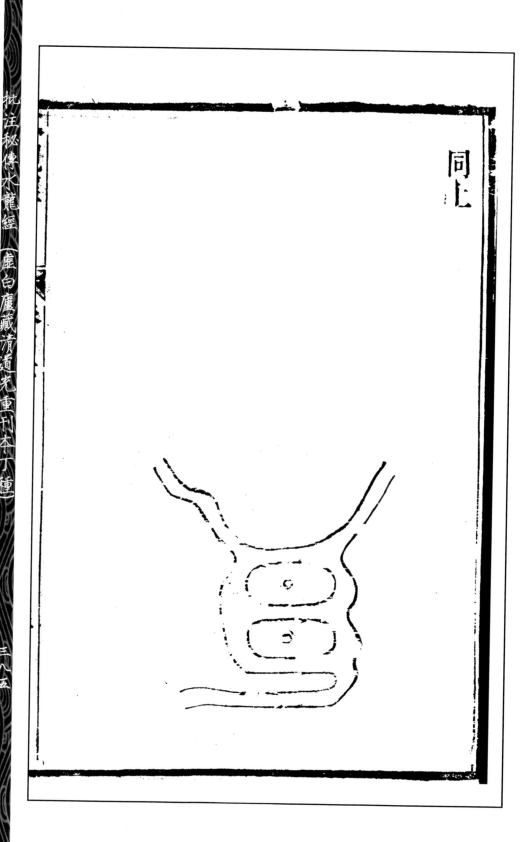

仙人伸一足
及第身多福

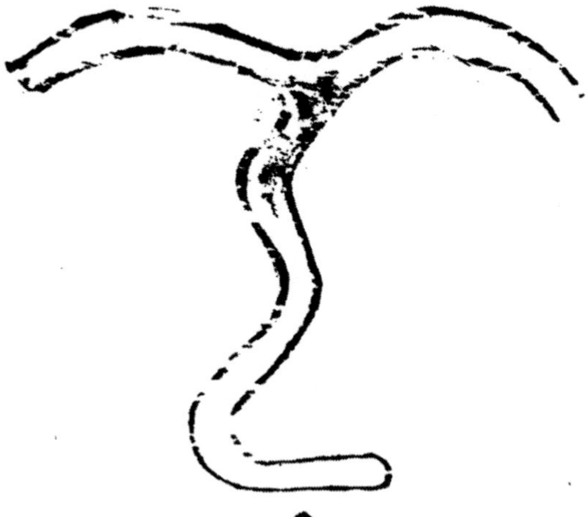

兩水如曲尺
庄作難衣食

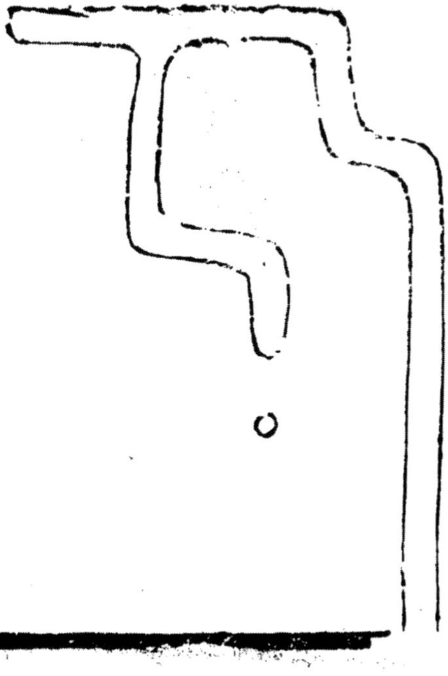

左右雙龍入穴來
昆季名高達帝臺

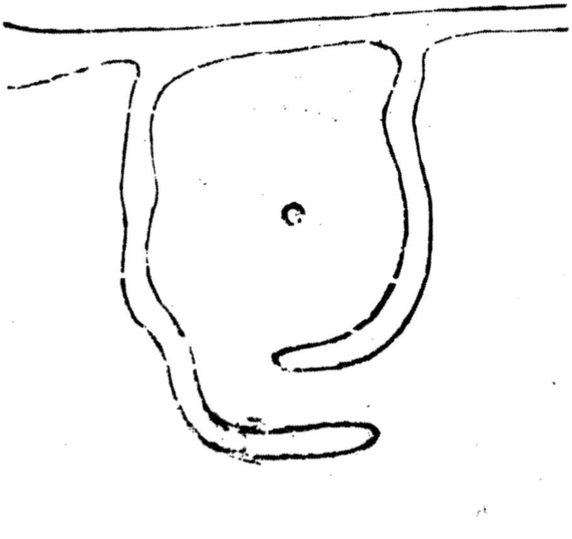

雌雄並出水同
流去了又回頭
兄弟一門皆及
第代代作公侯

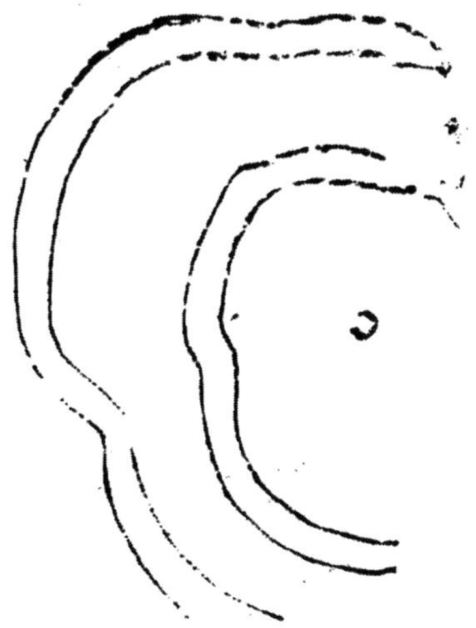

龍頭兩相會
兒孫高折桂

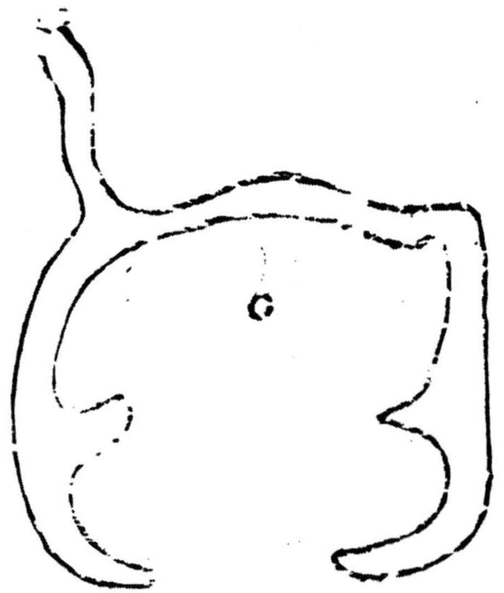

葬龍腹案龍腸

吉宿加臨貴役

昌葬龍尾案龍

足歌舞燈前爲

巫祝

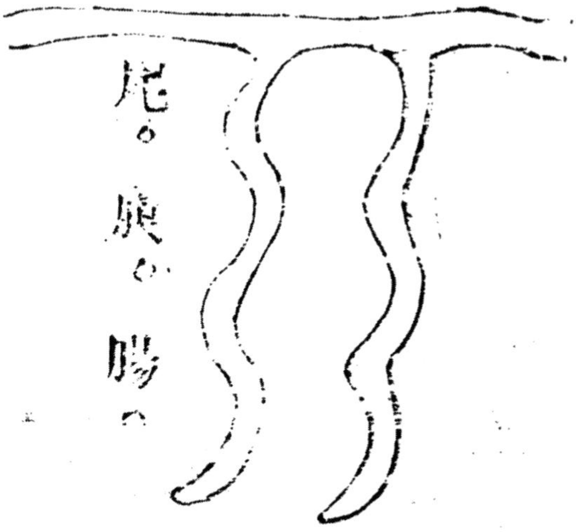

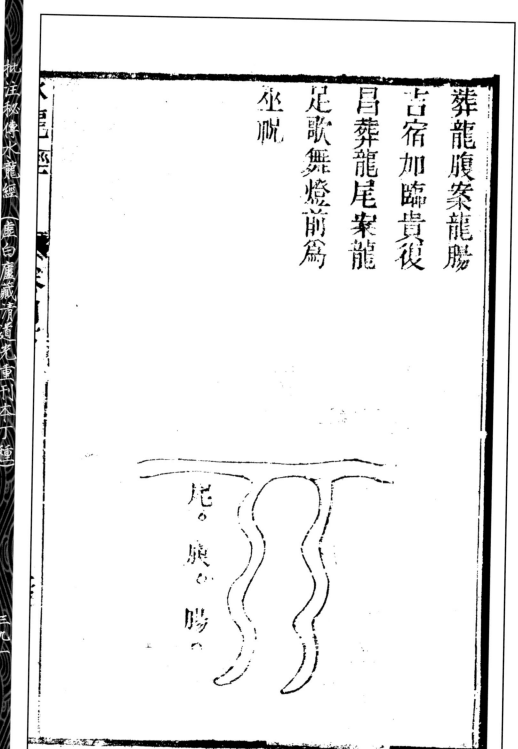

二龍相從
天地交通
陰陽得位
定出三公

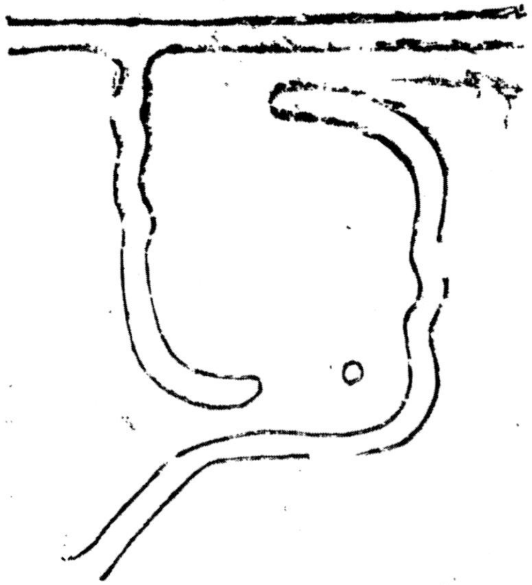

同上

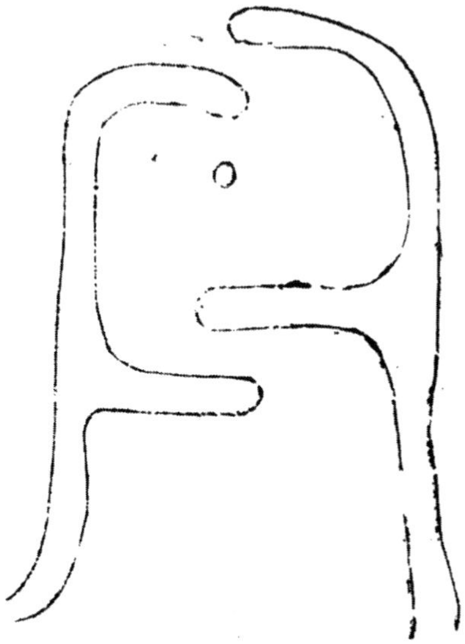

砂水纏流荷葉地
卻如花蕊瑞芝形
若然點作幞頭穴
富比陶朱貴作卿

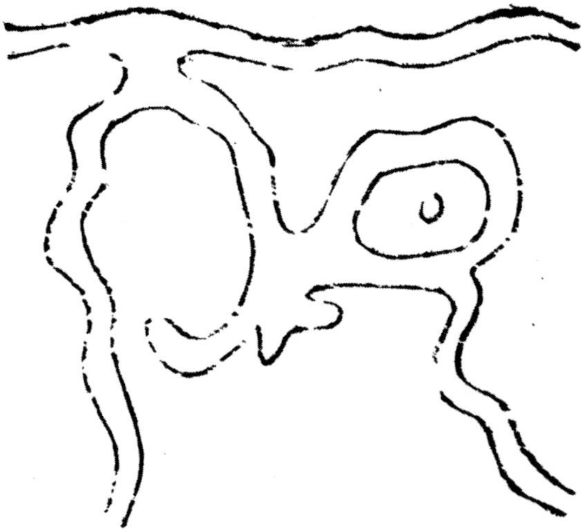

此水名鷺膝
子孫必忤逆
財物化灰塵
人帶手足疾

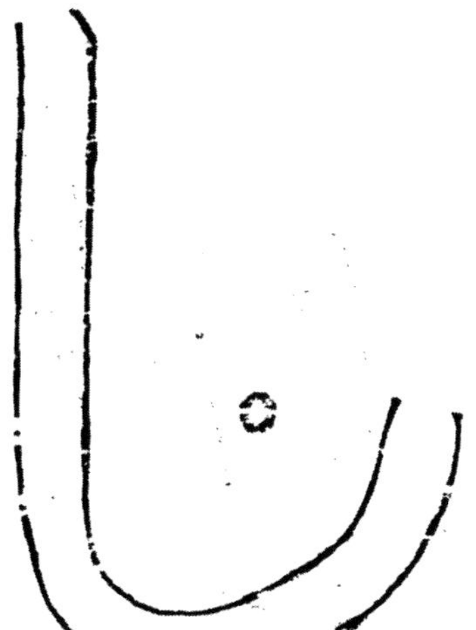

幞頭地埶笏水後
嗣登科作內史

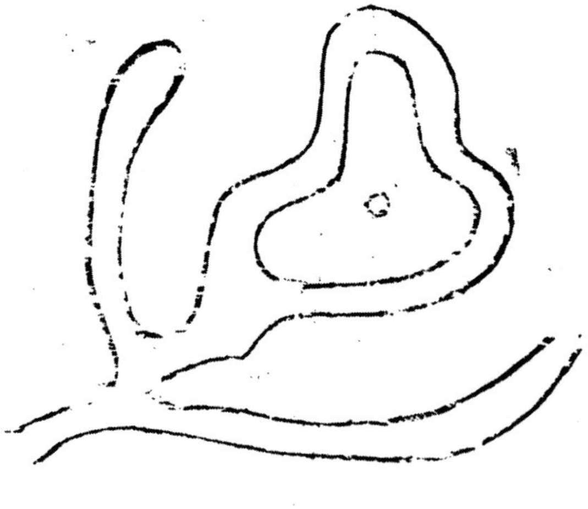

左水如笏右如筆
長房幼子貴無匹

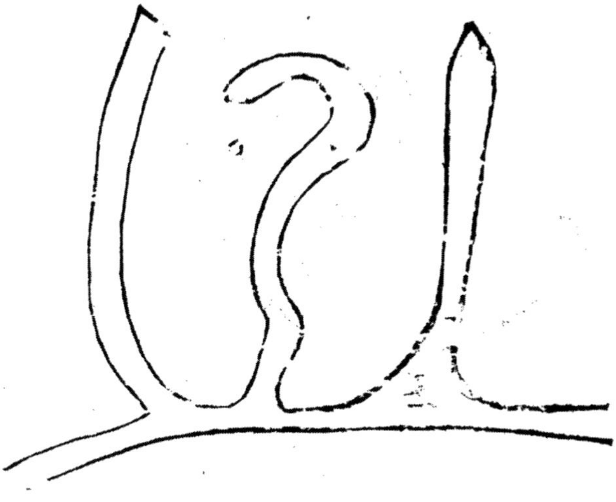

右水如笏
應居顯職

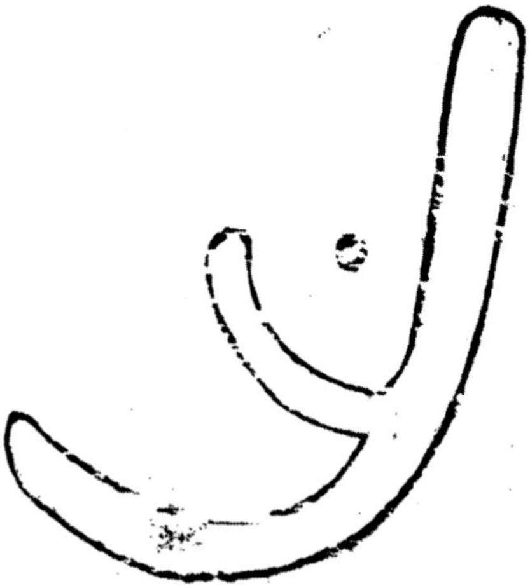

左水如筆
錢財進室

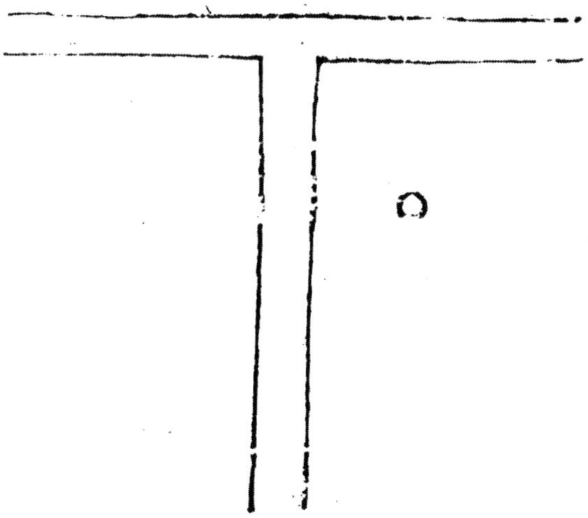

雨水合門前
家富出高賢

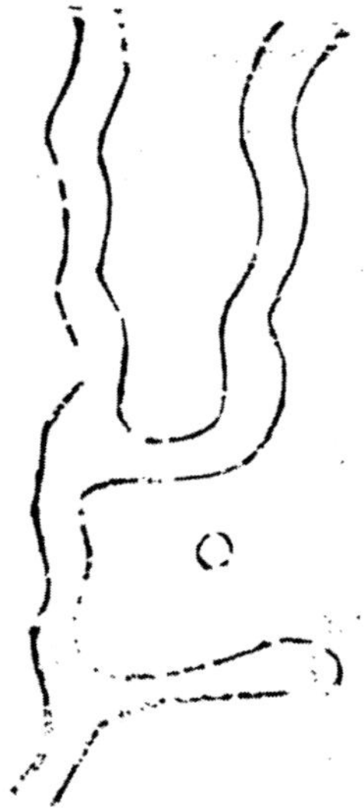

穴向二龍
身嗣身榮

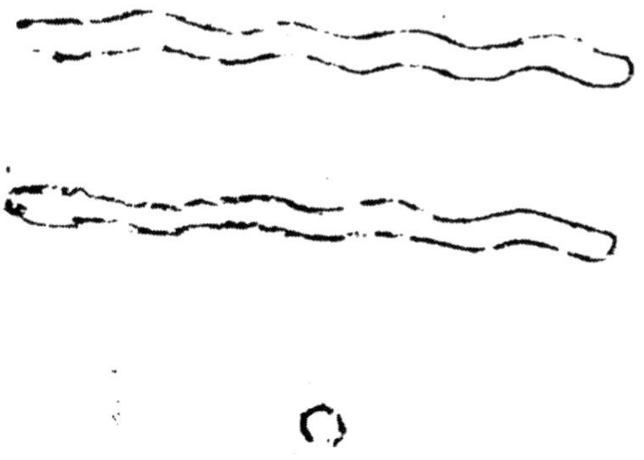

右邊兩水抱
家內多金寶

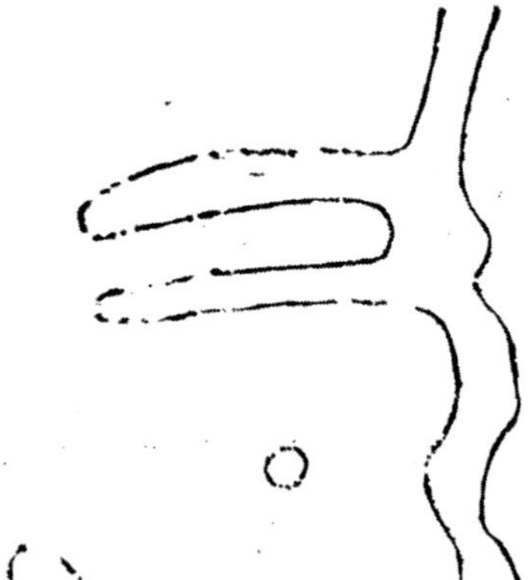

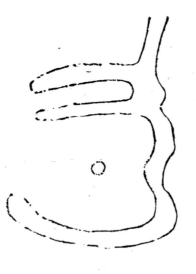

一水後頭兜

攀桂帝都遊

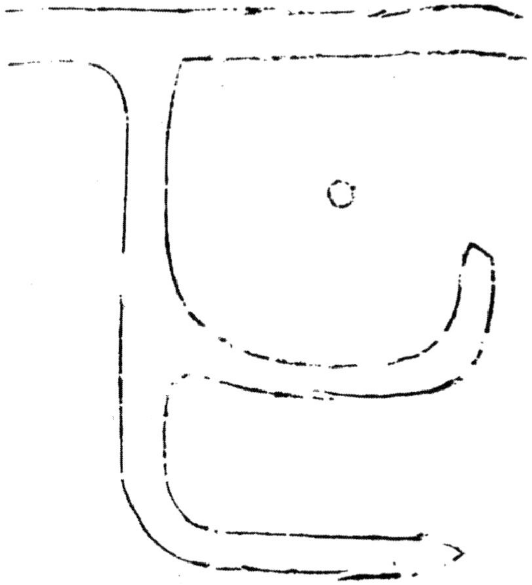

兩龍穴後兜
富貴總無休

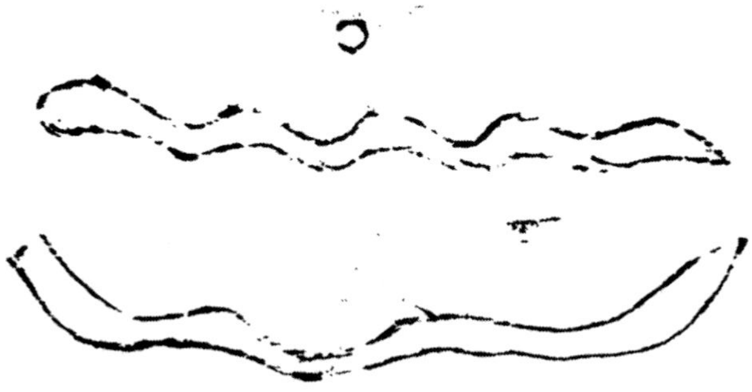

二龍相會
亦主富貴

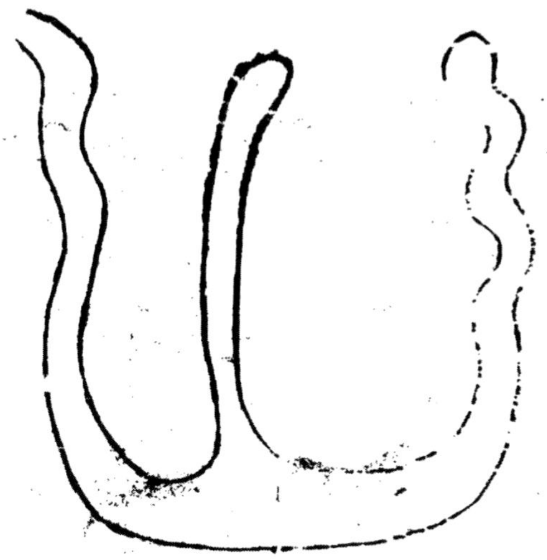

二水圍龍勢
葬出公卿士

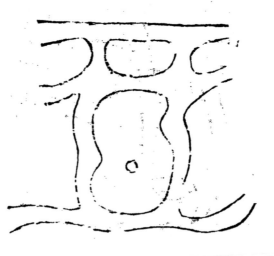

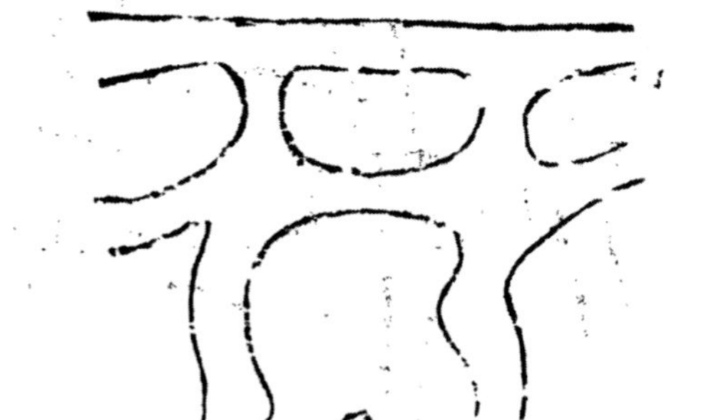

迢迢四水入朝堂
直冲直射不相當
若還屈曲回頭顧
貴歷金堦粟萬倉
其池一圩二
三十畝乃佳

論池沼井橋
前逢池沼永
爲富貴之家

東浜水百尺
西家粟萬箱
西北有池塘
生子逆爹娘

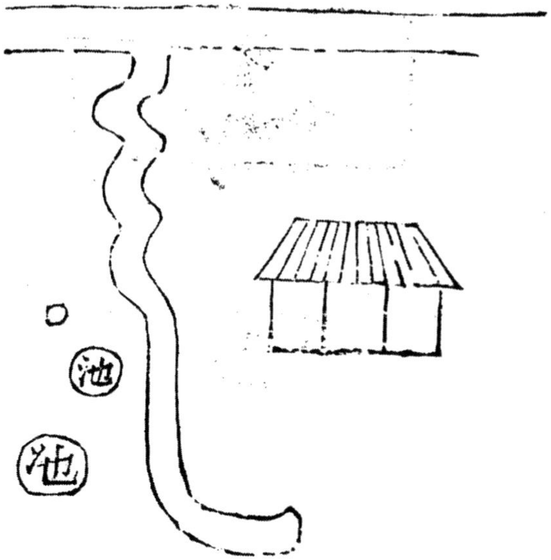

宅後有塘亦
是人財之地

右邊池水映門
前抱穴廣庄田

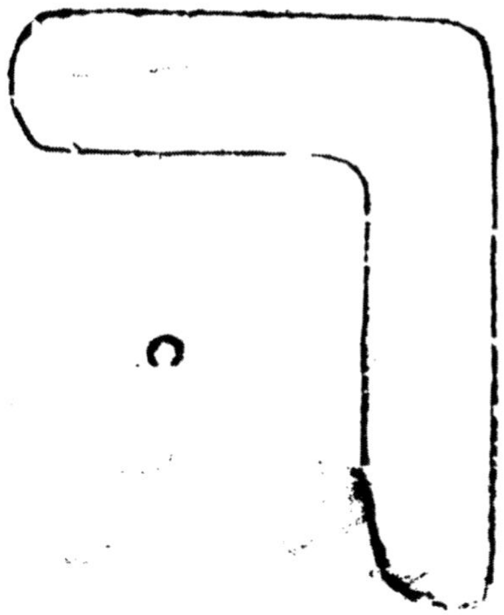

墳後有井
心疼目損
塚如近井
患在心腹
不論東西
不分南北

墳前有水似蛾眉
女子隨人去不歸

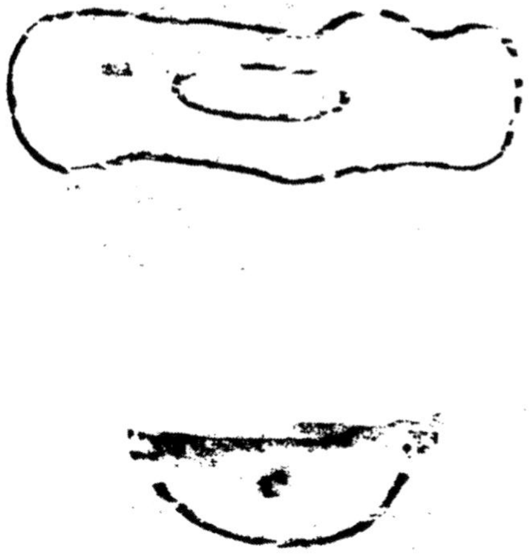

宅前橋正當
橫死并天亾
鰥寡兼疾病
兒孫須過房

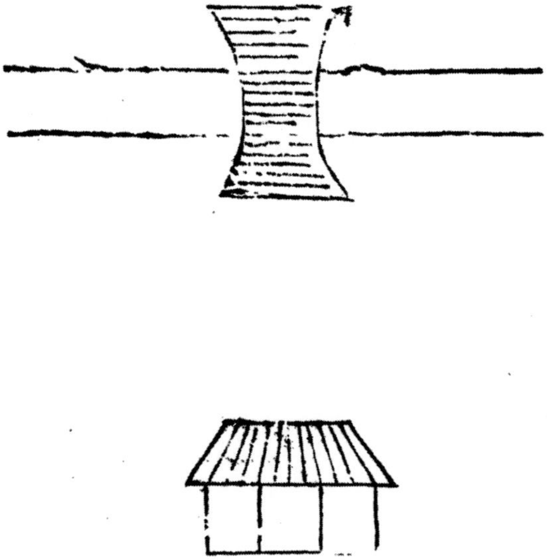

右有橋冲
淫敗絕宗

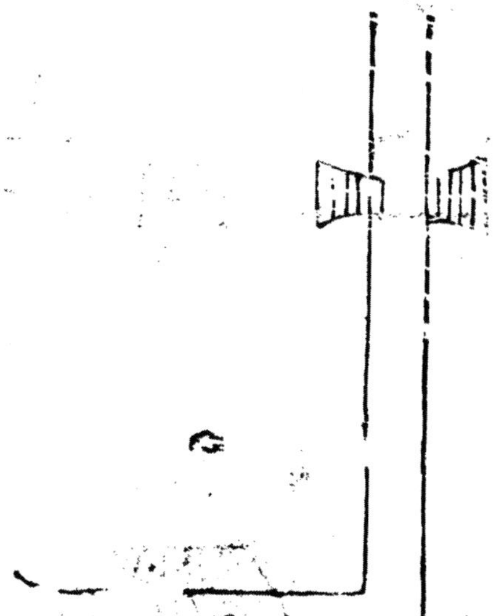

穴前正對有橫溝
名生足疾幾時瘳

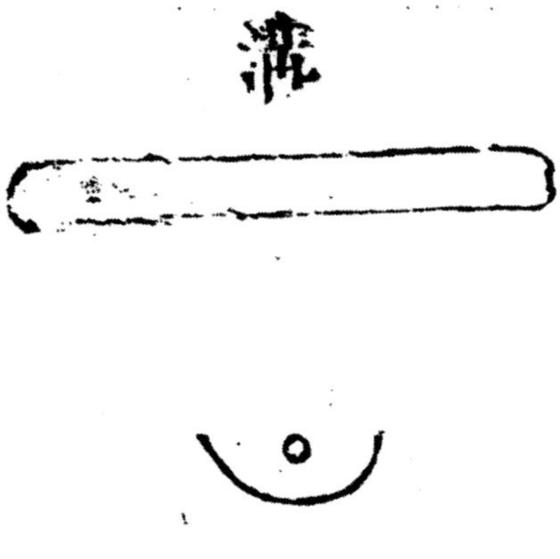

朱雀地臨前
[illegible]自安然
更有後兜水
富貴且清閒

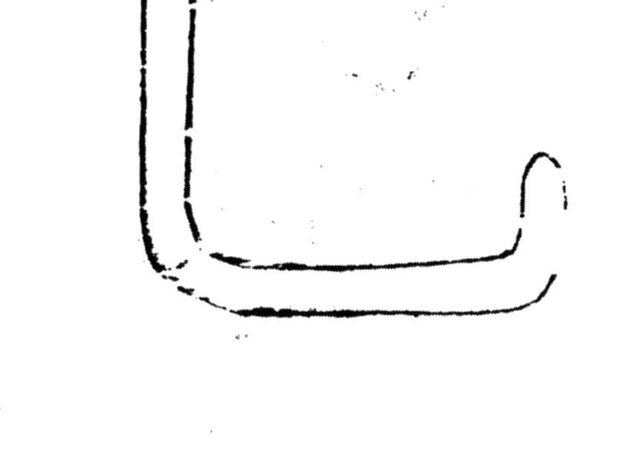

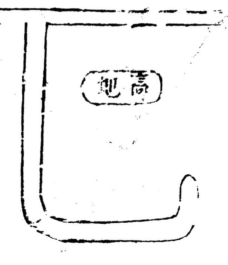

前水如木杓
媳婦抱公脚
鵝公頸鴨公
頭女兒媳婦
上秦樓

山地形同

水龍經卷四下終